AF405120

HISTOIRE

VERITABLE

DE TOVT CE QVI S'EST FAIT ET PASSE' en Guienne pendant la Guerre de Bourdeaux.

COMMENCANT DV IOVR DE L'ENTRE'E

DE

MADAME

LA

PRINCESSE,

DE MESSIEVRS

LES DVCS D'ANGVIEN, DE Boüillon, & de la Rochefoucault.

LE TOVT DISTINGVE' PAR AVTANT DE COVRSES, que l'ordinaire en a fait depuis le commencement iusques au départ de la Cour de cette Ville.

HISTOIRE VÉRITABLE

DE TOVT CE QVI S'EST FAIT ET PASSÉ
en Guienne pendant la Guerre de Bourdeaux.

COMMENÇANT DV IOVR DE L'ENTRÉE

DE

MADAME

LA

PRINCESSE

DE MESSIEVRS
LES DVCS D'ANGVIEN, DE
Bouillon, & de la Rochefoucauld.

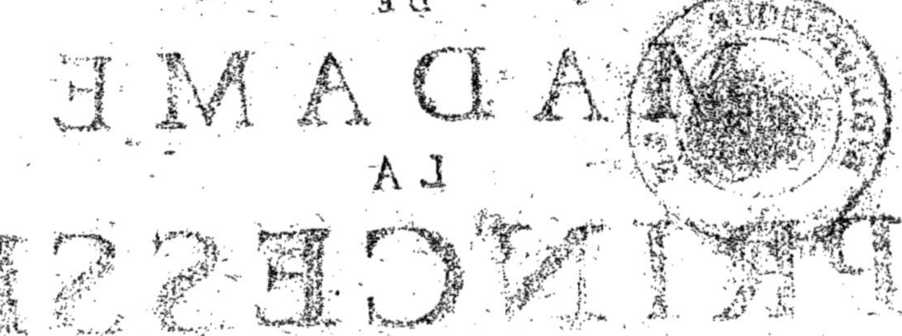

LE TOVT DISTINGVÉ PAR AVANT DE COVRS,
que l'ordinaire en a fait depuis le commencement jusques à l'heure
de la Couppe cette ville.

HISTOIRE

VERITABLE

De tout ce qui s'eſt fait & paſſé en Guienne pendant la guerre de Bourdeaux : commençant du iour de l'entrée de Madame la Princeſſe, de Meſſieurs les Ducs d'Anguien, de Boüillon, & de la Rochefoucault ; le tout diſtingué par autant de courſes, que l'ordinaire en a fait depuis le commencement iuſques au depart de la Cour de cette Ville.

Premiere Courſe de l'ordinaire.

SI ie n'auois eſté extrememant preſſé par pluſieurs perſonnes de merite, qu'vne loüable curioſité a obligé de rechercher auec ſoin les moyens d'apprendre ce qui ſe paſſe maintenant à BOVRdeaux ; ie n'euſſe iamais entrepris de vous faire le recit de tant de choſes importantes, qui ſeruent d'entretien à toute l'Europe, car

A ij

n'eſtant, comme ie ſuis, qu'vn ſimple Courrier, & n'ayant d'autre connoiſſance des affaires du monde, ny certes d'autre capacité,
que de me tenir bien ferme ſur vn Cheval, & le picquer à toute
bride, ie recônois que c'eſt vne temerité à vn petit Poſtillon de vouloir faire l'Hiſtorien ; mais auſſi ſi ie ne le fais pas, de qui pourriez
vous apprendre des choſes ſi curieuſes, puis que celuy qui a la plu-
me publicque en main eſt obligé bien ſouuant par des ordres forcez
de nous deſguiſer les nouuelles, qu'il fait profeſſion de donner au
public.

Ie commenceray donc par le recit de ce qui ſe paſſa à Bourdeaux
à l'arriuée de la plus affligée, mais de la plus genereuſe Princeſſe qui
fut iamais, qui ne creut pas trouuer vn Azille plus aſſuré pour elle,
& pour le Duc d'Anguien ſon fils, contre les violences du perſecu-
teur de ſa Maiſon, que dans vne Ville qui a touſiours eſté tres fidelle à ſon Roy, & de laquelle les habitans teſmoignent tant de recon-
noiſſance des graces, qu'ils auoient receües de la protection du
grand Prince de Condé lors qu'il leur procura vne glorieuſe Paix.

Ce fut le 30. de May 1650. que Madame la Princeſſe, & le Duc
d'Anguien (aptes auoir trauerſé le Berry, le Lymoſin, & le Peri-
gord, malgré tous les efforts, que fit le General de la Valette, pour
luy empeſcher le paſſage à Terraſſon, où vne partie de ſes troupes
furent deffaites, arriuerent à Coultras accompagnez des Ducs de
Boüillon & de la Rochefoucault, du Marquis de Sauue-Bœuf,
& de plus de mille Gentils-hommes de diuerſes Prouinces.

Le meſme iour 30. May, il fut porté chez le ſieur d'Affis Preſident au Parlement de Bourdeaux, ſur les ſix heures de releuée (par vn
homme inconneu, apoſté par le ſieur de la Vie Aduocat general audit
Parlement, & vn des Deputez dudit Parlement en Cour, ennoyé
à Bordeaux par le Cardinal Mazarin, pour y porter ſes ordres) deux
lettres de cachet dattées du 18. May, l'vne adreſſante au Parlement
& l'autre aux Iurats de Bourdeaux, toutes deux de pareille teneur,
par leſquelles le Cardinal ſous le nom du Roy, leur donnoit advis,
que Madame la Princeſſe, & le Duc d'Anguien ſon fils, deuoient
ſe rendre à Bourdeaux, qu'il leur commandoit (en cas qu'ils ne fuſſent pas encore arriuez) de leur fermer les portes, & en cas qu'ils
le fuſſent de ſe ſaiſir & aſſurer de leurs perſonnes.

Le ſieur d'Affis ayant receu ces lettres, fit aduertir quelques-vns des
Conſeillers du Parlement de ſe rendre chez luy, qui iugerent qu'il
eſtoit trop tard pour aſſembler les Chambres, de ſorte qu'ils remi-
rent au lendemain, & tous les Officiers du Parlement furent aduertis de ſe rendre à ſix heures du matin au Palais. Cependant les
Iurats ayants eſtez mandez à l'Hoſtel du Preſident d'Affis, & ayant
ouuert la lettre qui leur eſtoit adreſſée, eurent ordre de faire fermer

les

les portes de la ville, ce qui mit cette nuit toute la ville en alarme
Le lendemain les Iurats retindrent les Clefs des Portes de la Ville sans les faire ouurir, & se rendirent au Palais, pour sçauoir ce que
le Parlement leur vouloit ordonner: ce qui causa vne grande esmo-
tion, & tout à l'instant la Place, & la grande Salle du Palais se trouuerent remplies du peuple qui crioit, qu'il ne vouloit point estre
renfermé dans la Ville, & que si on n'ouuroit promptement les
portes qu'il les iroit rompre. Ce grand bruit & cette sedition qui se
formoit obligerent le Parlement d'ordonner aux Iurats, d'aller en
diligence appaiser ce desordre, & faire ouurir les portes. Dés aussitost que les Iurats parurent dans les Rues, le peuple les obligea par
diuerses fois de crier, *Viue le Roy, & Messieurs les Princes*, & quelques-vns des plus eschauffez furent rompre les serrures des portes
appellées du Caillau, & du Chappeau-rouge, au mespris de l'authorité des Magistrats.

Le Parlement pour calmer ce tumulte & resmoigner aux habitans
qu'il n'y auoit rien d'extraordinaire, estima tres-prudemment, qu'au
lieu d'assembler les Chambres, il falloit ouurir l'Audiance, ce qui
fut fait, & en outre informé contre ceux qui auoient rompu les serrures des portes de la Ville.

Le mesme iour sur les cinq heures du soir, la Princesse de Condé
auec le Duc d'Anguien venans de L'ormont arriuerent sur le Port a
Bourdeaux, accompagnez du Marquis de Sauue-bœuf, & de quelques Gentils-hommes de leur Maison, tout le peuple de cette grande
Ville accourut en foule sur le Port, pour resmoigner a cette Princesse la reconnoissance de la Paix, que le Prince de Condé son Mary
leur a procurée contre les oppressions violentes du Duc d'Espernon.
La Princesse sortant du Batteau se mit dans vn Carrosse qui l'attendoit sur le Quay, auec le Duc d'Anguien, les Marquis de Sauue-
bœuf & de Lusignan, & les Demoiselles de la suite, & fut conduite
dans le logis du sieur de la Lane, qui luy auoit esté preparé: par où
la Princesse passoit, les rues se trouuoient pleines de peuple, qui crioit
incessamment, *Viue le Roy, & Messieurs les Princes*.

Sur les huict heures du soir du mesme iour le sieur d'Alvimar, Officier de la Maison du Mareschal du Plessis, enuoyé a Bourdeaux
par le Cardinal Mazarin arriua venant de Blaye. Comme il sortoit
du Batteau vn habitant de la Ville qui le recoonnut, le fut saisir au
colet, & luy dit, *Espion, que venez-vous faire icy, ie vous fais prison-*
nier de la part de Madame la Princesse, & a l'instant fut mené a son Altesse, cette Princesse la larme à l'œil, voyant d'Alvimar en sa presence, luy reprocha qu'ayant receu beaucoup de bien du Prince de
Condé son Mary, il estoit estrange de voir qu'il fut a ce poinct in-

B

grat, que pour plaire au Mazarin ennemy & perfecuteur de fa Maifon , il fut venu à Bourdeaux pour l'empefcher d'y trouuer retraitte. D'Alvimar luy ayant refpondu qu'il auoit efté obligé d'obeyr
aux Commandemens du Roy, par l'ordre duquel il auoit fait ce
voyage, fupplia fon Alteffe de le vouloir excufer, & de le garantir de
l'indignation & de la colere des Habitans, qui l'auoient menaffé par
les ruës de l'affommer. Cette Princeffe eut la bonté de luy dire, que
comme elle reueroit tout ce qui venoit de la part du Roy, qu'elle
prendroit foin de fa confernation , qu'il eftoit dans vne Ville de laquelle les Habitans auoient toufiours tefmoigné vne extreme paf-
fion & fidelité au feruice du Roy, mais qu'ils auoient grand fuiet
de fe plaindre du Mazarin , lequel par le fupport extraordinaire
qu'il auoit donné au Duc d'Efpernon pour affouuir fes vengeances,
s'eftoit acquis auec raifon la haine de toute la Prouince , & en fuite
elle pria le Marquis de Lufignan d'auoir foin de la perfonne d'Alvimar, dequoy ce Marquis s'eft acquitté auec tant de generofité pendant que d'Alvimar a efté à Bourdeaux , que quoy qu'il eut porté
des Ordres de la Cour pour luy faire fon procez fous pretexte de
quelque pretenduë intelligence auec le Roy d'Efpagne , il l'a logé
dans fa Maifon , & garanty par plufieurs fois de la fureur de ce
peuple, qui auoit refolu de le mettre en pieces , pour fe vanger de
diuerfes fourberies dont ledit d'Alvimar les auoit abufez cy-deuant
pendant les conferences faites au lieu de l'Ormont, entre les Deputez de Bourdeaux , & le Marefchal du Pleffis.

Le mefme foir , les Ducs de Boüillon & de la Roche-foucault,
arriuerent auffi venans de l'Ormont, mais ils n'entrerent point
dans la Ville , & furent loger dans vn faux-bourg qui eft fur la riuiere, appellé aux Chartreux.

Le Mercredy premier de Iuin, dés les fix heures du matin, la Princeffe , auec le Duc d'Anguien, s'eftant renduë au Palais , entra
dans la falle de l'Audiance , & tenant le Duc d'Anguien fon fils
par la main, le vifage baigné de larmes, elle prioit tous Meffieurs,
comme ils paffoient, de luy rendre iuftice fur la requefte, qu'elle
auoit mife entre les mains d'vn Confeiller du Parlement , & les fup-
plioit de luy vouloir donner , & à Monfieur d'Anguien feureté , &
affeurance de leurs perfonnes , qu'elle n'auoit pû trouuer en aucun
endroit du Royaume. Le petit Duc d'Anguien les coniuroit , puif-
que fon Papa eftoit prifonnier, de luy feruir de Pere.

Dans ce mefme inftant d'Alvimar eftoit au Palais, & eftant entré
dans la Grand' Chambre , mit fur le Buteau vne Lettre de Cachet,
qui eftoit dattée du 26. May, par laquelle le Cardinal Mazarin fous
le nom du Roy , commandoit au Parlement d'empefcher que

Madame la Princeſſe n'entraſt dans Bourdeaux, & en cas qu'elle y fut arriuée de l'arreſter & de ſe ſaiſir de ſa perſonne, & de celle du Duc d'Anguien, il rendit vne pareille lettre aux Iurats.

Les Chambres s'eſtant aſſemblées enuiron ſur les dix heures, incontinent apres la Princeſſe, tenant le Duc d'Anguien par la main, entra dans la grand' Chambre; & d'abord redoublant ſes larmes, ſe ietta à genoux, & en cette poſture, demanda à la Cour ſeureté & aſſeurance pour ſa perſonne & celle de ſon fils. Il n'y eut perſonne dans cet Auguſte Senat qui pût retenir ſes larmes, que la compaſſion de voir cette grande Princeſſe & ſon fils en cet eſtat, tiroit auec abondance de leurs yeux : vn chacun accourut pour la releuer, & en ſuitte elle fut priée de ſe retirer dans la ſalle de l'Audiance, où quelqu'vn des ſiens auoit pris ſoin de faire porter deux chaiſes.

Auant que d'opiner ſur la lettre portée par d'Alvimar, & ſur la Requeſte preſentée par la Princeſſe, il fut deliberé qu'on feroit ſçauoir à ſon Alteſſe, que la Cour deſiroit qu'elle fit retirer & ſortir hors de Bourdeaux tous ceux qui l'auoient accompagnée, à la reſerue de ceux de ſa Maiſon, de crainte qu'il ne s'y formaſt quelque party preiudiciable au ſeruice du Roy & au repos de la Ville. Pour cet effet deux Conſeillers de la Cour furent enuoyez pour conferer auec cette Princeſſe, qui leur donna ſa parole auec grande franchiſe, & teſmoigna ne demander qu'vne retraitte & aſſeurance de ſa vie, & de celle du Duc d'Anguien ; qu'elle n'eut point party de Mouront, ſans les aduis aſſeurez qu'elle auoit receus que le Comte de S. Agnan ſe vouloit ſaiſir de leurs perſonnes, & que le iour deuant qu'elle en ſortit ce Comte eſtoit allé reconnoiſtre la place auec ſix vingts Cheuaux, qu'elle l'auoit veu de ſes feneſtres, & que la nuict en ſuitte elle s'eſtoit ſauuée.

Cette reſponſe rapportée à la Compagnie, apres que les Gens du Roy eurent donné leurs Concluſions, les voix recueillies par deux fois il fut donné Arreſt, contenant ce qui ſuit.

Du premier de Iuin 1650.

CE iour les Chambres de la Cour estant assemblées, sur la lectu-re de la Lettre du Roy du vingt-sixiesme May dernier, renduë à la Cour par le sieur d'Aluimard, seroit entrée Dame Claire Cle-mence de Maillé Brezé, Princesse de Condé ; tenant par la main Monsieur le Duc d'Anguyen son fils, laquelle estant au bout du Bu-reau, se seroit mise à genoux, ensemble ledit Seigneur Duc d'An-guyen : & ayant esté soudain releuée, auroit dit qu'elle venoit se ietter entre les bras de la Iustice souueraine du Roy, auec le Seigneur son fils, duquel l'aage le mettoit à l'abry de tout reproche, & dont la personne estoit chere à l'Estat, comme ayant l'honneur d'estre Prince du Sang Royal, qu'elle prioit la Cour d'auoir compassion d'vne Princesse affligée, & luy vouloir donner & audit Seigneur d'Anguyen, quelque seureté pour leurs personnes, n'en ayant pû trouuer ailleurs, depuis la detention du Seigneur Prince de Condé son mary, retenu puis quatre mois, au preiudice des loix du Royau-me, & des Declarations du Roy; & qu'elle auoit creu ne pouuoir mieux marquer son tres humble respect pour le Roy, que de s'ad-dresser à vn de ses Parlemens dépositaire de sa Iustice, & à vne Com-pagnie qui a tousiours marqué vne fidelité inuiolable pour son ser-uice, & vne affection particuliere pour la Maison Royalle, & sup-plioit tres-humblement la Cour de vouloir employer ses Remon-strances vers sa Maiesté pour la liberté dudit Seigneur Prince de Condé son mary, à ce que son bon plaisir soit d'en renuoyer la co-gnoissance aux Iuges naturels, conformement aux Ordonnances & Declarations, & auroit ladite Dame Princesse, pareillement requis qu'il pleust à la Cour luy donner seureté & audit sieur d'Anguyen, & à ceux de leur suitte, sous la protection & sauuegarde du Roy & de la Cour, & à ces fins de deliberer sur vne Requeste qu'elle auoit remise és mains de Maistre Emanuel de Tarangue, Conseiller du Roy en ladite Cour.

Et s'estant retirée, a esté representé par les Aduocats & Procu-reur Generaux du Roy, que par la lecture qui venoit d'estre faite de la Lettre du Roy, la Cour auoit veu les sentimens de sa Maiesté sur la conduite de ladite Dame Princesse, comme contraire au bien de son seruice, & au repos de l'Estat, & qu'à raison de ce auparauant entendre la lecture d'aucune Requeste de sa part, la Cour estoit obli-gée d'apprendre les intentions de ladite Dame Princesse, & pour cét
effet

effer d'enuoyer deuers elle deux Commiſſaires de la Cour pour
leur rapport fait le Regiſtre & la Requeſte de ladite Dame enuoyez en diligence à ſa Maieſté pour ſçauoir ſur le tout ſes volontez ; & cependant ont dit n'empeſcher que ladite Dame Princeſſe, le ſeigneur d'Anguien ſon fils, & ceux de leur Maiſon ſeulé-
ment, demeurent ſous le bon plaiſir du Roy en toute ſeureté en la
preſente Ville.

Euë ſur ce deliberation, la Cour a commis deux Conſeillers
d'icelle, pour aller preſentement vers ladite Dame Princeſſe, luy
faire entendre le contenu en la depeſche du Roy, & que la Cour
deſiroit eſtre eſclaircie de ſes intentions, & a l'inſtant leſdits
Commiſſaires ſont ſortis.

Et peu apres eſtant rentrez, ont dit auoir trouué ladite Dame
Princeſſe dans la ſalle de l'Audience ; & que luy ayant fait connoiſtre ce dont ils eſtoient chargez, elle leur auroit reſpondu ;
qu'elle eſtimoit le plus grand de ces malheurs, que ſes actions par
les mauuais offices qui luy ſont rendus par ces Ennemis, ayent pû
donner quelque ſoupçon a leurs Maieſtez de ſa fidelité pour leur
ſeruice & pour le bien de l'Eſtat, dont elle ne ſe ſeparera iamais ;
& ſupplioit la Cour de prendre d'elle ſes aſſeurances, & de receuoir la proteſtation qu'elle luy fait de n'eſtre venuë en cette Prouince par aucun deſſein d'en troubler le repos, mais ſeulement
pour y trouuer le ſien, & celuy dudit Seigneur Duc d'Anguien ſon
fils, la ſeureté de leurs perſonnes, & le moyen de porter à la connoiſſance de leurs Maieſtez, ſes plaintes & tres reſpectueuſes ſoûmiſſions, comme elle fera touſiours voir dans tous ſes déporte-
mens.

Surquoy euë deliberation, a eſté arreſté que le Roy ſera informé de l'arriuée en cette Ville puis hier au ſoir de ladite Dame
Princeſſe de Condé, & du ſeigneur Duc d'Anguien ſon fils, de
l'eſtat de la Prouince couuerte de gens de guerre, & des mouuemens & diuers partis qui s'y forment à l'occaſion des Seigneurs
Princes detenus, & par l'auerſion generale pour le ſieur Duc
d'Eſpernon : Et ſera le Roy tres-humblement ſupplié de receuoir
les proteſtations de l'obeyſſance & de l'inuiolable fidelité de ſon
Parlement, & de pouruoir par ſon authorité Royale à tous ſes
deſordres, naiſſans au preiudice de la Prouince, & de l'Eſtat, en
permettant la connoiſſance & Iugement deſdits Seigneurs Princes à leurs Iuges naturels, aux termes de ſes Ordonnances & Declarations ; Comme auſſi a eſté arreſté que l'Original de la Requeſte de ladite Dame Princeſſe, & le preſent Regiſtre ſeront enuoyez à ſa Maieſté, laquelle attendu les ſoûmiſſions & declara-

C

tions faite par ladite Dame Princeſſe, ſera tres-humblement ſup-
pliée, d'agréer que ladite Dame Princeſſe, & le ſeigneur Duc
d'Anguien demeurent, auec ceux de leur Maiſon, dans la preſente Ville, auec toute ſeureté, ſous la ſauuegarde du Roy & de ſa
Iuſtice.

Extraict du Regiſtre ſecret de la Cour du Parlement de Bourdeaux.

DE LA ROCHE.

Certainement c'eut eſté vne laſcheté ſans exemple, & reprocha-
ble à perpetuité au Parlement, & à la Ville de Bourdeaux, d'a-
uoir liuré entre les mains du Mazarin, ou du Duc d'Eſpernon Madame la Princeſſe, & Monſieur le Duc d'Anguien: cela ſeroit
honteux à la France, & dommageable à l'Eſtat, ſi cette Princeſſe,
ne trouuant pas de ſeureté & d'azile dans vne Ville de ce Royaume, elle eut eſté contrainte de le chercher chez les Eſtrangers, où
elle eſtoit reſoluë de ſe retirer. Toute la Guyenne qui gemit ſous
la tyrannie & perſecution du Duc d'Eſpernon, ſe ſeroit deſia ſou-
leuée, & auroit chaſſé cet Ennemy irreconciliable de la Prouince, ſi le Parlement par ſa prudence n'arreſtoit ſes tranſports, &
ne moderoit ſes iuſtes reſſentiments, par l'eſperance qu'il luy fait
conceuoir, que la Reyne enfin vaincuë par les larmes, & les ſoû-
pirs de tout ce peuple affligé, ſe portera à luy accorder la grace
qu'il luy demande depuis ſi long-remps, & qu'elle leur fera cette
iuſtice, d'oſter de la Prouince ce meſchant Gouuerneur, & ſa
poſterité.

Deuzieſme Courſe.

LE Cardinal Mazarin n'eut pas pluſtoſt apris que malgré tous
ſes ſoins, il n'auoit pû empeſcher que la Princeſſe de Condé
n'eut eſté receuë à Bordeaux auec des acclamations publiques, &
des teſmoignages d'amour, de reſpect, & de tendreſſe, pour les
precieux reſtes de cette branche Royale de la Maiſon de Bour-
bon, qu'il enuoya en toute diligence des Commiſſions au Mareſchal de la Meſleraye, qui eſtoit alors en Poitou, pour leuer

des gens de guerre, afin de commencer de former le siege de Bourdeaux du cofté de la Dourdoigne ; cependant le Duc d'Efpernon ayant creu auoir trouué pretexte par la fauuegarde que le Parlement de Bourdeaux venoit de donner à Madame la Princeffe, contre l'intention du Cardinal, de pouuoir reprendre fes premieres violences, ramaffa de nouuelles trouppes du débris de l'armée qui venoit de leuer le fiege de deuant Caftelleon, fur la frontiere d'Efpagne ; & les ayant iointes à celles du General de la Valette, partit en diligence d'Agen pour s'en aller à Cadillac.

Le premier exploit de fes armes, fut de fe faifir de l'Ifle Sainct George ; & continuant les mefmes violences qu'il auoit autresfois exercées par toute la Campagne, porta la guerre iufques aux portes de Bourdeaux ; la prife de cette Ifle, le maffacre de quantité de miferables Payfans, les cris & les clameurs des femmes violées, les facrileges, les incendies, que faifoient fes troupes en vn temps, auquel les Bourdelois, dans l'attente de iouyr de quelque repos par le changement d'vn autre Gouuerneur, qu'on leur faifoit efperer à la Cour, fe trouuoient fans deffence, obligerent le Parlement de pouruoir à la feureté de la Ville.

Pour cet effet le 22. Iuin le Parlement ordonna aux Iurats de faire fermer cinq ou fix portes de la Ville, inutiles en temps de guerre, de faire garde exacte aux autres portes, & au Chafteau du Ha, de faire quelques retranchemens au fauxbourg S. Surin, & à la Baftide.

Le lendemain 23. les Iurats conuocquerent vne affemblée dans l'Hoftel de Ville, pour faire connoiftre aux Bourgeois le peril imminent auquel ils eftoient expofez par l'approche des troupes ennemies, & leur faire fçauoir les ordres qu'ils auoient receus du Parlement. Il fut refolu dans cette affemblée, que la Ville ne pouuant trouuer fa feureté que dans l'vnion auec Meffieurs les Princes, la Ville fe ioindroit à eux dans vne mefme focieté d'intereft ; ce que le Parlement refufa d'approuuer.

Cependant les Ducs de Boüillon & de la Rochefoucault, qui auoient obtenu du Parlement Arreft fur leur Requefte, portant qu'ils fe pouruoiroient deuers fa Maiefté fur l'oppofition formée à la Declaration que le Cardinal auoit fait expedier contre eux, fongerent auffi à fe mettre en deffenfe contre tant de forces qu'on enuoyoit contre eux ; ils deliurerent plufieurs Commiffions au nom du Duc d'Anguien leur Generaliffime, pour faire des leuées ; & bien-toft apres ils fortirent de Bourdeaux auec quantité de Nobleffe, & furent à Caftillon fur Dordoigne, appartenant au Duc de Boüillon, pour combattre le General de la Valette ; lequel

ayant eu aduis de leur marche , fe retrancha dans cette Ville-là;
De forte que le Duc de Boüillon , qui ne le pouuoit forcer que
par vn fiege affez long , & fafcheux , & dont l'euenement pouuoit eftre incertain , à caufe du fecours que le Marefchal de la
Mefleraye eut pû donner aux affiegez , iugea qu'il valoit mieux
aller porter la guerre dans les terres du Duc d'Efpernon , pour
obliger par cette diuerfion ce General de fortir des terres du Duc
de Boüillon , où les trouppes du party contraire faifoient par tout
vn horrible degaft.

En effet il paffa la riuiere , & fe ietta dans le Médoc , qui appartient au Duc d'Efpernon , où d'abord il prit la Ville de Caftetnau,
& y mit garnifon : & apres s'alla camper au lieu de Blanquefort:
tout auffi-toft le General de la Valette fir paffer la Dordoigne à
fes troupes , au port de Brane , & la Garonne à Paillet ; ce fut en
ce lieu qu'il rencontra le Duc d'Efpernon , qui venoit d'Agen , &
qui l'attendoit au paffage.

Pendant qu'à la Campagne tout fe difpofoit à la guerre , il y eut
quelque broüillerie à Bourdeaux , où la populace irritée contre
le fieur de la Vie Aduocat General , pour n'auoir pas fuiuy eftant
Deputé à la Cour , les ordres de la Compagnie , fut piller fa maifon , & le contraignit , pour efuiter vn plus fafcheux rencontre de
fe retirer auec fa famille à Blaye ; Le Parlement appaifa ce defordre , faifant emprifonner deux des plus feditieux , & donnant des
Commiffaires pour la reftitution des meubles defrobez; Cette
difgrace furuenuë à vn des Officiers du Parlement , toucha fenfi-
blement le refte de la Compagnie ; mais le fieur de la Vie ayant
efcrit au Parlement des lettres , pleines de trop d'aigreur , & peu
refpectueufes , on luy tefmoigna que fa conduite n'eftoit pas ag-
greable.

Enuiron ce temps-là , vn Brigantin Efpagnol monté de trois petites pieces entra dans la riuiere de Bourdeaux , & vint moüiller
deuant Valies à trois lieuës de la Ville ; le lendemain fur le poinct
du iour , comme il eftoit à l'ancre , il fut attaqué par le Nauire
des Fermiers du Conuoy , & par fept à huict Chaloupes armées
par l'ordre du Duc de S. Simon , qui le iour precedent auoit veu
paffer ce Brigantin deuant le Port de Blaye ; Le Maiftre de ce petit Vaiffeau furpris de cette attaque impreuëuë , fe rendit fans faire
refiftance ; on y trouua trois Laquais du Marquis de Sauuebeuf,
fon Porte-manteau , & deux de fes Valets de Chambre ; ce Marquis vn moment deuant eftoit forti de ce Vaiffeau , & s'eftoit fait
mettre à terre.

On parle diuerfement de cette aduenture , les vns difent que

ce Marquis s'en alloit en Espagne , pour y seruir d'Otage pour
auoir de l'argent ; les autres , qu'il alloit conferer auec vn Espagnol , qu'on disoit estre dans vn vaisseau qui auoit moüillé l'ancre
à l'emboucheure de la riuiere.

Ce petit Brigantin fut conduit en triomphe au deuant du Port de
Blaye par ceux qui l'auoient pris , & le sieur de la Vie ne manqua
pas d'escrire le iour suiuant à Bourdeaux , exagerant ce qui s'estoit
passé dans la prise de ce petit vaisseau , dans lequel il disoit qu'il s'e-
stoit trouué des escrits & des ordres signez du Duc de Boüillon ; le
Parlement ne creut pas deuoir faire responce à vne lettre , dont les
termes estoient par trop picquants ; mais il resolut d'escrire au Duc
de S. Simon , qu'il entendoit que recherche & punition fut faite
des complices de cette intelligence auec le Roy d'Espagne , dont
le sieur de la Vie leur auoit donné aduis , alleguant qu'il auoit des
actes & des preuues en main ; & neantmoins le Parlement en
ayant informé auec exactitude , ces pretenduës preuues ne páru-
rent pas ; au contraire , il fut verifié que les ordres du Duc de
Boüillon trouuez dans ce Brigantin s'addressoient au Gouuerneur
de Vayres , sans qu'il fut fait mention d'aucun traicté d'Espagne.

Vn iour que le Parlement estoit assemblé pour deliberer sur l'e-
stat auquel se trouuoit la Prouince , on arresta qu'vn Trompette
enuoyé par le Mareschal de la Meilleraye (duquel les troupes s'e-
stoient aduancées à S. András en Capseguer , où il s'estoit campé
à quatre lieuës de Bourdeaux) ayant fait la chamade au port de la
Bastide , auoit dit à quelques Bourgeois de la garde , qui s'estoient
aduancez deuers luy , qu'il portoit des lettres de ce Mareschal au
Parlement , & à la Ville ; ce qui obligea ces Bourgeois de le retenir au lieu de la Bastide (où ils luy firent grande chere) iusques
à ce qu'ils eussent eu ordre de le faire passer à la Ville , ou pour le
renuoyer.

Le Parlement ayant consideré qu'on n'enuoyoit des lettres par
des Trompettes qu'aux Ennemis , & que ce n'estoit pas de la sorte que l'on faisoit sçauoir au Parlement & aux Subjets du Roy,
les volontez de sa Majesté ; & d'ailleurs , que le Mareschal de la
Meilleraye depuis qu'il estoit entré dans le ressort , n'auoit pas
enuoyé son pouuoir & sa commission au Parlement , ordonna que
ce Trompette seroit renuoyé sans prendre de luy les lettres de ce
Mareschal ; auquel le Procureur General par ordre du Parlement
escriuit vne lettre en termes fort ciuils , contenant les raisons du
Parlement, que ce Mareschal tesmoigna du depuis approuuer par
la response pleine de ciuilité, qu'il fit au Procureur General.

D

Le vingt-cinquiefme de Iuin, le Parlement voyant enfin la continuation des violences exercées fur les Subjets du Roy, par les
troupes du Duc d'Efpernon, en fa prefence & par fes ordres, qu'elles pilloient les Eglifes, tuoient, brûloient, violoient les femmes
& filles, & defoloient toute la Campagne ; pour arrefter le cours
de ce defordre, donna l'Arreft dont voicy la teneur.

EXTRAICT DES REGISTRES
du Parlement de Bourdeaux.

SVR ce qui a efté reprefenté que depuis le mois de Mars de
l'année 1649. le fieur Duc d'Efpernon abufant de l'autorité
qu'il auoit dans la Prouince, auroit deftourné les troupes du Roy
de leur employ legitime contre les Ennemis declarez de l'Eftat,
pour s'en feruir à la ruine de la Prouince, & de la Ville capitale
d'icelle, & pour opprimer les bons & fideles Subjets du Roy, qui
ont toufiours efperé de l'authorité Royale le veritable remede à
leurs maux, & que la Declaration & Articles qu'il a pleu à fa Maiefté d'accorder au mois de Decembre dernier, par les tres hum-
bles fupplications de la Cour, auec tant de bonté, que de vouloir affeurer les paroles que le Seigneur Duc d'Orleans a données
pour l'executer arrefteroit les violences dudit fieur Duc d'Efpernon : Mais tout au contraire, apres auoir receu le commandement pour l'entretenement de fes milices, & l'effoignement des
trouppes, & autres ordres portez par ladite Declaration, il auroit
brûlé diuerfes maifons, & laiffé en fe retirant des enuirons de Bordeaux les marques de fa cruauté ; & depuis eft toufiours demeuré
armé pour auoir des executeurs de fes paffions, des affaffins, des
Huiffiers de la Cour, & autres Miniftres de Iuftice, & pour empefcher que l'autorité des Arrefts de la Cour & la Iuftice fouuerai-
ne ne fuft reconnuë, & defoler pour vne troifiefme fois la Prouince dans le temps de la recolte, lors que les peuples eftans dans
l'efperance de iouyr de la Paix fe trouuent fans deffenfe. Ce qu'il a
fait depuis que s'eftant faifi de l'Ifle S. George, des Chapeaux Do-
liuier, de la Maifon de Cayac, & autres poftes des enuirons de
Bordeaux ; ayant defolé toutes les Prouinces voifines, & permis
tous les facrileges & autres cas execrables qu'il auoit fait autresfois pratiquer, forcé ladite Ifle S. George, & laiffé garnifon dans

icelle; ce qui a obligé la Cour d'en donner aduis au Roy, & de veiller à la feureté de la Ville & des dehors d'icelle ; ordonnant fous le bon plaifir de fa Maiefté les gardes à ce neceffaires, pour efuiter les defordres que fes violences excitent de nouueau dans la Prouince ; & comme tous les foins de la Cour n'ont pû arrefter fes entreprifes, qu'elles continuent & font fi notoires & preiudiciables au feruice du Roy & au repos public, qu'il importe d'y pouruoir par les voyes que la Cour iugera les plus conuenables : Ouy fur ce le Procureur General du Roy, la Cour a ordonné & ordonne, que le Roy fera informé des nouuelles entreprifes du fieur Duc d'Efpernon, au preiudice de la Declaration & Articles accordez par fa Maiefté, & des facrileges, incendies, violences, & autres cas execrables, qui fe commettent par les trouppes dudit fieur Duc d'Efpernon, en fa prefence & par fon commandement. Et attendu la notorieté des fufdits actes, a declaré & declare ledit Duc d'Efpernon, le Cheualier de la Valette fon frere, & leurs adherans, infracteurs de la Paix, ennemis du Roy & de fon Eftat, & Perturbateurs du repos public : En confequence fait inhibitions & deffenfes à toute forte de perfonnes, de quelque qualité & condition qu'elles foient de receuoir ny donner aydé & affiftance aufdites trouppes, à peine d'eftre les contreuenans traittez comme fauteurs de cét attentat fait à l'autorité Royale : permet aux communes de s'affembler pour courir fus aufdits gens de guerre ; Et font tous Gouuerneurs, Seigneurs & Gentils-hommes du reffort de la Cour, inuitez & exhortez de prefter main-forte pour arrefter la defolation entiere de la Prouince & de la Ville capitale d'icelle. Enioint ladite Cour aux Iurats & Confuls des Villes & Communautez, de fournir hommes & viures pour la defenfe de cette Ville, & pour faire ceffer les fufdites oppreffions, & d'obeyr aux ordres qui leur feront pour ce donnez Et afin que perfonne n'en pretende caufe d'ignorance, fera le prefent Arreft leu, publié, & enregiftré dans toutes les Senefchauffées & Bailliages de ce reffort, & affiché par tout où befoin fera. Fait à Bordeaux, en Parlement, les Chambres affemblées, le vingt-cinquiefme Iuin 1650.

    Signé,   DE LA ROCHE.

    Le 16. le Duc d'Efpernon prit fa route vers le Medoc, pour aller affieger Caftelnau, que le Duc de Boüillon auoit pris fur luy; mais ayant efté aduerty que les trouppes du Duc de Boüillon s'eftoient retirées de Blanquefort à Bordeaux, pour y garder les faux-bourg S. Surin, les Chartreux, & la Baftide ; & qu'il n'eftoit refté dans le Camp qu'enuiron cinq ou fix cens hommes de pied, &

cent cinquante cheuaux, croyant en auoir bon marché se resolut de les attaquer. Cette braue Infanterie voyant l'Ennemy paroiftre fe r'allia d'abord, & fouftint fi genereufement la premiere defcharge, qu'elle donna le temps aux Caualiers de prendre leurs cheuaux efpars dans la prairie; & auec tant de fucces que
le bagage paffa la riuiere de la Ialle, fur le pont que le Duc de
Boüillon auoit fait faire pour la commodité de fon Camp. Ayant
paffé le pont les Ennemis continuans toufiours à les pouffer, les
fieurs de Culigny & Chambon furuinrent fort à propos, & fe-
condez du fieur de Chaufour (qui s'eft fignalé en cette occafion)
firent leur retraitte auec tant d'ordre & de conduite, que quoy
que l'efcarmouche ait duré plus de trois heures, ils n'ont perdu
que le maior du fieur Chaufour & vn Sergent : & les Ennemis au
contraire, y ont perdu plus de cinquante des plus braues des
leurs.

La nouuelle eftant apportée à Bordeaux de ce combat, & de ce
que le Duc d'Efpernon s'aduançoit en perfonne; on vid à l'inftant
tout le monde courir aux armes; les Bourgeois, les Officiers & les
Artifans faifoient à l'enuy. Tant la haine qu'ils ont pour l'auteur
de leurs maux eft grande, il falut empefcher des femmes qui s'e-
ftoient armées de fortir de la Ville : Enfin le peuple de Bordeaux
ne fit pas moins paroiftre d'ardeur en cette occafion, qu'en tefmoigna autresfois le peuple de cette grande Ville de Paris, pour
fecourir le genereux Duc de Beaufort, lors qu'il expofoit fa vie
pour conferuer celle de tant de milliers de peuple, pour arracher
des mains du Marefchal de Grandmont vn Convoy qu'il auoit enleué. Il fortit de Bordeaux enuiron quatre mil hommes en armes.
Le Duc de Boüillon s'eftant mis à leur tefte attacha l'efcarmouche
auec les premiers des Ennemis qu'il pût ioindre, & les pouffa auec
tant de vigueur, que fi le Duc d'Efpernon n'eut repaffé la Ialle, &
fait rompre le pont apres luy, cette occafion eut fans doute decidé
la querelle d'entre ce Duc & les Habitans de Bordeaux. Le Duc
de Boüillon luy enuoya vn Trompette pour luy offrir la bataille,
s'il vouloit s'aduancer dans vne plaine prochaine de ce lieu, mais
il n'en voulut pas manger; au contraire craignant qu'on n'allaft à
luy en paffant la riuiere, il fit auancer toutes fes forces pres du
pont, où il fit trauailler à des retranchemens, & pointer quatre
pieces de canon pour en deffendre le paffage.

Dans la chaleur du combat, le fieur de Guitaut fut bleffé au vi-
fege, & le fieur de la Rouffiere premier Gentilhomme de la Chambre de Monfieur le Prince de Conty, aux reins, mais affez lege-
rement : le fieur de Sainct Brix-Caluimont y a efté tué, & cinq
ou

ou six soldats seulement , & vn cheual du President Pichon , duquel il venoit de descendre. Du costé du Duc d'Espernon, il a esté
tué plus de cent hommes , & quantité de blessez ; entre lesquels,
comme l'asseurent les prisonniers qu'on a fait, s'est trouué son Capitaine des Gardes grieuement blessé. Tel a esté le succez de la sortie des Bordelois , & de la retraitte du Duc d'Espernon : & non pas
comme le Iurat Constans, a voulu persuader par les lettres qu'il
a escrites de Ponts au sieur de la Vrilliere Secretaire d'Estat , & au
Comte de Miossans, qui ont donné cours a vne fausse nouuelle.

L'Isle Saint George estoit vn passage trop important aux Bordelois, pour le laisser plus long-temps entre les mains de leurs ennemis ; le Duc d'Espernon s'en estoit saisi le 21. de ce mois, & y
auoit laissé vne garnison de plus de quatre cens hommes , tirez des
Regimens de Nauailles & du Brueil , deux pieces de canon, & les
munitions necessaires pour la deffense de ce poste.

Cette Isle est scituée à trois lieües au dessus de Bourdeaux, enuironnée d'vn costé de la riuiere , & de l'autre d'vn ruisseau qui la
separe de la terre ferme , marescageuse & entrecoupée de canaux
& de grands fossez.

Le premier soin des Bordelois , a donc esté celuy de denicher vn
si fascheux voisin , qui leur pouuoit fermer le passage des viures,
& pour cet effet le Cheualier de Roquelaure receut ordre, auec le
sieur de la Mothe De-las , d'aller attaquer cette Isle auec quatre
cens hommes , choisis des Regiments d'Enguien & de Lusignan.
On ordonna en mesme temps aux Paysans d'entre deux mers, qui
sont des plus vaillans & des plus aguerris de Gascogne , de se rendre a onze heures de nuict, au Port d'Escaunac ; qui est vn peu au
dessous de cette Isle : & l'on porta par eau de Bordeaux , toutes les
choses necessaires pour l'attaque de ce lieu , qui certes, ne pouuoit estre que tres-difficile ; veu la scituation qui la rend presque
imprenable.

L'attaque fut faite le 27. Iuin à la pointe du iour : les Paysans
ayant conduit les trouppes, par des chemins & des sentiers par
lesquels les ennemis ne les attendoient pas , on les surprit dans
leurs retranchemens , & dans leurs corps de garde , on les poul-
sa dans l'Eglise & dans vn moulin, ou ils se rendirent a discre-
tion : il y en demeura cent sur la place, & deux cens prisonniers;
parmy lesquels il y a dix Officiers ; entre autres le sieur Canoles,
Lieutenant Colonel du Regiment de Nauailles, dans la poche
duquel on trouua vn ordre du Cheualier de la Valette, portant
qu'il fit bastir vn Fort, par le moyen de l'Eglise, du Moulin, & de

quelques maisons voisines permettant de demolir celles qui l'empescheroit ; qu'il laissat le passage de la riuiere libre pour les trafiquans seulement iusques à nouuel ordre, & pour l'entretien de la garnison il luy assignoit le reuenu de l'isle, le reste de la garnison ayant tasché de se sauuer demeura exposé à la vengence des paysans, qui les assommoient dans les vignes, les blés & les iaussayes. Tout le bagage & les armes sont demeurées aux vainqueurs (qui n'ont perdu pas vn seul homme, à la reserue de deux ou trois blessez) & deux pieces de canon, qui sont les mesmes qui furent prises au siege de Libourne, où la trahison & non pas la valeur des ennemis, fit retirer les Bordelois.

Troisiesme Course.

L'Armée du Duc d'Espernon apres auoir passé la Ialle, alla camper au bourg de Macau, lequel nonobstant la recommendation du sieur Abbé Molé Abbé de sainte Croix, auquel cette terre appartient, fut absolument ruiné : & de là continuant sa marche dans le Medoc, alla reprendre Castelnau, la garnison en estant sortie auec vne composition fort honnorable.

Pendant qu'il estoit en ce lieu le Mareschal de la Meilleraye, qui quelques iours auant estoit allé voir le Duc de Saint Simon à Blaye, le fit passer du costé du Medoc auec le Comte Paluau, Lieutenant general en son armée, pour reuoir le Duc d'Espernon, lequel quelque temps auparauant auoit aussi trauersé la riuiere, & conferé auec luy au port appellé de Plassac, entre Roquedérau & Blaye. S'estant separés, le Mareschal retourna dans son Camp, qu'il auoit laissé à S. Andras, & le Duc d'Espernon quitta le pays de Medoc, & retourna sur ses pas auec toutes ses troupes, & fut camper dans le pays de Graue. Cependant la Cour estant lors à Compiegne, le Cardinal resolut de conduire le Roy en personne à Bordeaux, & quoy que l'Archiduc eut desia paru sur la frontiere de Flandres auec vne armée de plus de 25000. hommes, que l'armée de Catalogne eut vn extreme besoin d'estre renforcée, & que la saison fut d'ailleurs tres incommode pour la santé du Roy, qu'on alloit exposer à vn si long & si fascheux voyage ; neatmoins il partit brusquement de Compiegne, & sans tarder que deus iours dans Paris, il se rendit à Fontainebleau, d'où il continua à grandes iournées son voyage par Orleans, Blois. Tours, Poitiers & Angoulesme, menant auec luy cinq ou six mil hommes, lesquels auec les troupes du Mareschal de la Messeraie & du Duc d'Esperhon, pouuoient bien faire en tout douze mil hommes. il fit escrire à toutes les villes des Prouinces voisines, qu'on luy enuoyat des canons, de la poudre & des boulez, & enuoya des ordres par tous les Ports de France pour equiper des vaisseaux, & composer vne armee naualle, afin d'assieger Bordeaux en mesme temps & par mer & par terre,

L'aduis de ce grand appareil n'estonna en aucune façon les habitans de Bordeaux, qui ne pouuoient s'imaginer qu'il fit faire au Roy vn voyage si forcé contre temps, & qu'on laissat les Frontieres de Champagne & Picardie, exposées aux ennemis, pour venir en Guyenne vanger la passion d'vn meschant Gouuerneur. En effet ils ne se mirent en aucun estat de se deffendre, bien est il vray que le Duc de Bouillon equipa quelques Galliottes & cinq ou six Fregates pour tenir le passage de la riuiere libre.

Le cinquoiesme Iuillet, quatre de ces Fregates & deux Chaloupes estant allées faire vne course au bas de la riuiere, surent rencontrées au dessous de Blaye au lieu de S. Bonnet, par le Capitaine Labat, qui de simple Mathelot estoit deuenu Capitaine par la prise du briquantin Espagnol qu'il auoit pris au deuant de Valies: la vanité qu'il eust de se voir Admiral de ce petit vaisseau dans lequel il estoit, le porta à faire tirer deux vollées de canon: mais le Chevalier des Riuieres qui commandoit les Fregates du Duc de Bouillon le fit bien tost repentir de sa temerité; car l'ayant en mesme temps fait suiure, ce vaillant Capitaine s'alla eschoüer sur les vases du bord, à la faueur desquelles il se sauua en terre auec les Matelots, laissant le brigantin à la mercy du Chevalier des Riuieres qui qui le ramena à Bordeaux.

Cette petite flotte descendant vers l'embouchure de la riuiere, rencontra au dessous de Royan deux Fregates & vn Brigantin Espagnol, qui apportoient, suiuant le bruit commun, l'argent qu'on attendoit d'Espagne: ces vaisseaux s'estant ioints remonterent la riuiere & vindrent mouiller l'ancre au dessus de Lormont, deuant le quay appellé de Raoul.

Le soir du mesme iour, qui fut le vendredy huictiesme de Iuillet, le Marquis Sauuebœuf emmena dans Bordeaux vn gentil-homme Espagnol nommé Dom Ioseph Osorio, dans vn carosse à six cheuaux, & passa par le cours en vn temps auquel les carosses de la ville alloient à la promenade.

L'arriuée de cet enuoyé d'Espagne, & la veüe de ces trois vaisseaux, qui parurent le landemain, estant venus de la marée de la nuit mouiller l'ancre au deuant de la ville, exciterent quelque petit murmure parmi la plus part des habitans, qui ne pouuoient souffrir qu'on parlat à Bordeaux de receuoir aucun secours d'Espagne. Le Parlement s'assembla pour le mesme suiet, & il fut resolu qu'il seroit fait perquisition exacte de ce Caualier Espagnol, & que tant luy que tous autres de la mesme nation s'il s'en rencontroit dans la ville, seroient pris & conduits dans la Conciergerie, & qu'il seroit couru sus, à ces vaisseaux s'il arrestoient au port, l'Arrest en ayant esté à l'instant publié : cet Espagnol se retira à petit, bruit, & les vaisseaux leuerent l'ancre & s'auallerent plus de deux lieux en bas. Mais que deuint l'argent, on a creu tout vn temps qu'on l'auoit debarqué ; & mis és mains de madame la Princesse, suiuant le traité fait à Madrit auec le Roy d'Espagne, par le Marquis de Sillery, enuoyé par le Duc de Bouillon, & les autres seigneurs de son party, neantmoins il est tres veritable que de quatre xcens mil liures (les vns en ont dit plus, les autres moins) que ce bon Espagnol auoit conduit, il n'en laissa à madame la Princesse, que soixante mil liures, pour l'assurance desquelles c'este Princesse luy donna des pierreries en gage, & qu'il raporta le reste en Espagne : ce qui n'a pas accommodé les afaires du Duc de Bouillon ; car faute de finances il n'a peu mettre sur pied les troupes qu'il auoit dessein de lever, pour tenir la campagne.

Dans cet entretemps, le Duc d'Espernon receut ordre du Roy de se rendre à la Cour : car comme vous auez sçeu, son Altesse Royalle auoit promis au Parlement de Paris, que dés que le Roy se seroit aduancé vers les villes du Loire, il seroit ordonné au Duc d'Espernon de quitter la Prouince & s'en venir en Cour, mais ce Prince fust souuent abusé par l'artifice du Cardinal, qui dilaya tousiours de rappel de son fidelle amy : Enfin pressé par son Altesse Royalle, il y satisfit. Le Duc d'Espernon faisoit la sourde oreille, & cherchoit des pretextes pour dilayer tousiours, remettant de iour à autre celuy de son depart. Vne querelle suruint en ce temps à Dacqs, entre deux gentils hommes, nommez les sieurs de Hinx & S. Pé, pour le dernier desquels la Marquise de Poyane s'estant interessée, les habitans de cette ville là, qui auoient au contraire de l'affection pour de Hinx, tesmoignerent quelque ressentiment de ce qu'il auoit esté mal traité. Le Duc d'Esperno fit passer à la Cour, cette bagatelle pour vne affaire de grande consequence, & pour vn dessein caché de liurer cette ville à l'Espagnol, il si rendit donc auec trois cens cheuaux : les habitans s'enquirent de ses gens pourquoy leur maistre les estoit venu voir ayát tant d'affaires ailleurs & où sa presance estoit plus necessaire : au retour de cette grande expedition il s'en retourna à Agent pour dresser son equipage & se preparer au voyage qu'il estoit forcé malgré luy de faire à la Cour : mais

auant

auant que de partir il desiroit auoir le plaisir de voir de ses yeux
acheuer de ruiner la Prouince.

Le desplaisir qu'auoient les Ducs de Bouillon, & de la Rochefoucauld, des mauuais complimens qu'on auoit faits à Bordeaux à ce
Gentil-homme Espagnol, & la douleur qu'ils eurent de le voir
raporter son Argent en Espagne, leur donnerent d'estranges in-
quietudes. Ils recognurent que pour bien faire reüssir leurs desseins, il estoit necessaire d'obliger le Parlement de donner vn
Arrest d'vnion aux interests de Messieurs les Princes: quelques-
vns du Parlement, & plusieurs parmy la Bourgeoisie estoient
dans ce sentiment-là, suiuant ce qui auoit esté arresté dans l'Af-
semblée de l'Hostel de Ville quelque temps auparauant, mais il
fut impossible de le pouuoir obtenir, quelle instance qu'on fit:
quelques mutins d'entre le peuple, qui regardoient les Ducs de
Bouillon & de la Rochefoucauld, comme leurs Libérateurs, venus à leurs secours pour les proteger de la violence de leur Gouuerneur, creurent deuoir obliger par leur obstination ce Parlement à donner cet Arrest qu'il auoit refusé à toutes leurs priè-
res, & de paroles il vint aux menaces, dont le Premier President voyoit...

Le 11. Iuillet, comme la grand'Chambre estoit à l'Audience,
enuiron sur les dix a onze heures, vne centaine de ces mutins
s'aduancerent vers la porte de la Salle, où se tient l'Audience, &
la poussant auecque violence, se mirent à crier, Nous voulons
l'Arrest d'Vnion auec Messieurs les Princes, autrement on s'en repentira.
A ce tumulte vn chacun se leua, & les Conseillers des Enquestes aduertis de cette haute insolence sortirent de leurs Chambres, & s'estant aduancez repousserent ces gens dans la Sale du
Palais.

Soudain le Parlement s'assemble, on ordonne qu'il sera informé, on commet des Conseillers pour faire le proces aux coupa-
bles, & pour le fond des affaires on remet à y deliberer au iour
ensuiuant, la Iustice ne pouuant pas souffrir de voir des gens ar-
mez iusques dedans son trosne. Ces Messieurs se mirent en deuoir
de sortir, mais apres auoir trauersé la Sale, ils trouuerent la grande porte, & les degrez du Palais, occupez par plus de cinq cens
hommes, qui tenans l'espée nuë en main, refuserent de les laisser
sortir, qu'ils n'eussent auparauant donné l'Arrest d'Vnion, qu'ils
leur demandoient, menassant de mettre tout en pieces, si l'on ne
le leur accordoit: Les premiers de ceux qui s'estoient aduancez
voulurent faire effort pour passer, mais ils furent assez rudement
repoussez, & vn d'entre eux fust blessé à la main, & renuersé par
terre, on en foula mesmes quelques-vns sous les pieds.

Il fallut donc rentrer, & songer aux moyens de repousser cette canaille ou de gré, ou de force ; Cependant le bruit de ce tumulte s'estant en vn instant respandu par la Ville, les Ducs de Bouillon & de la Rochefoucault, enuoyerent en diligence vn Gentilhomme exprés pour asseurer le Parlement de la douleur extreme qu'ils ressentoient de l'audace de ce peuple obstiné, qu'ils offroient à la Cour de bon cœur leur secours pour aller escarter toute cette canaille ; Ce qu'ils eussent fait sur l'heure ; mais le Parlement ne voulut pas les employer, estimant qu'il ne deuoit se seruir que de sa seule authorité, & du secours des Bourgeois de la Ville, qu'on assembloit par l'ordre des Iurats, auquel le Parlement auoit mandé de se rendre au Palais en toute diligence.

Madame la Princesse accourut au Palais, laquelle ayant fait dire qu'elle desiroit parler au Parlemet, on ordonna au Procureur General d'aller sçauoir ce qu'elle desiroit (l'entrée dans le Senat par vne loy bizarre, & que ie ne puis gouster estant deffenduë aux Dames.) Cette Princesse luy exprima la douleur qu'elle auoit, de l'injure faite à cette auguste Compagnie, auec tant de tendresse, & de paroles si touchantes, que le Procureur General voyant pleurer cette aimable Princesse, eut peine à retenir ses larmes, nonobstant la grauité de sa Magistrature: Elle protesta qu'elle estoit si fortement attachée à l'honneur de cét illustre Corps, qu'elle vouloit viure & mourir auec ces braues Senateurs, qu'elle ne desiroit sortir du Palais qu'auec eux, & courir la mesme risque ; dequoy la Compagnie la fit remercier par le Procureur General, qui la pria de la part de la Cour de vouloir se retirer ; ce qu'enfin elle fist.

Cependant le Palais demeuroit inuesty, la foule du peuple grossissoit tousiours de plus en plus ; & les prouisions du beuuetier començoient à faillir : Ces Messieurs firent ce iour là vne rude abstinence : mais voicy fort à propos sur les cinq heures du soir le secours arriuer ; le sieur de Beautiran, Iurat, armé iusques aux dents, conduisant vne trouppe des plus braues Bourgeois, fist donner aduis à la Cour, par vn Basque, qui grimpant sur les toits, passa par les fenestres de la Grand'Chambre, qu'il venoit faire leuer le siege : en mesme temps ce braue Colonel, sans crainte du peril, s'aduança iusques dans le Palais, & leuant vne Canne qu'il tenoit à la main, leur dit : *De par le Roy ie vous commande à tous tant que vous estes, de sortir promptement de ce lieu: insolens, vous tenez la Iustice assiegée.* Ces gens ne bransloient gueres pour tant de beaux discours, mais vne décharge de quelquesmousquetades qui en tuerêt trois, & en blesserent tout autât, les fit resoudre à desloger de là, ils demanderent donc d'estre receus à capituler; ce qui leur fut à l'instant accordé. Ils sortirent en ordre, car il fut arresté que les Bourgeois se rangeroient en haye des deux costez, & que ces obstinez passeroient à trauers, sans qu'on leur fist injure. Ce qui fut executé de bonne foy sans leur donner d'ostages, ce peuple s'estant fié à la parole de ce vaillant Iurat. En suitte les portes du Temple de Themis, furent toutes ouuertes, & ces braues Senateurs qui auoient souffert la rigueur de ce siege en sortirent deux à deux, à pas comptez, pour marquer leur constance. Mais quelquesvns d'entre eux qui n'auoient pas disné, laissans à part toute ceremonie, se hasterent de se rendre chez eux. Telle fut la fin de cette admirable aduanture.

Quatriesme Course.

LES ennemis de Bourdeaux croyant que cette Ville estoit diuisée, par les sentiments contraires du Parlement & du peuple se persuaderent, qu'il leur seroit tres facile de venir à bout des pernicieux desseins, qu'ils auoient des long-temps proiettés de sacrifier les habitans de cette Ville à la vengeance du Cardinal Mazarin, & du Duc D'espernon; pour cet effet les espions du Cardinal ne manquerent pas de luy donner aduis (le Roy estant pour lors à Tours,) de ce qui s'estoit passé au Palais le onziesme de Iuillet; & de le solliciter d'hatter son voyage au plustost. Cet aduis le fit partir en diligence, & conduire le Roy à grandes iournées, nonobstant les incommoditez de la saison, & l'indisposition de Monsieur le Duc d'Aniou, & de Mademoiselle.

L'aproche de ce Protecteur declaré du Duc d'Elpernon, donna l'alarme à tous les habitans de Bourdeaux, les Partysans de ce Duc commencerent de publier, que le Cardinal ne conduisoit le Roy en Guyenne, pour restablir le Duc d'espernon dans ce Gouuernement, pour y faire le Mariage du Duc de Candale auec vne de ses niepces; & par le moyen de cette illustre alliance asseurer à ce ieune Seigneur, la suruiuance du Gouuernement, & qu'auant que le Roy sortist de Bourdeaux, les habitans seroient forcez des restablir la maison de Phipaulin, appartenante au Duc d'Espernon (que le peuple auoit abbatuë quelque temps deuant)

& les plus confiderables , des bourgeois contraints de porter la hotte , comme des miferables aydes à maſſon pour conſtruire vne Citadelle. On ne leur parle que des exemples du Conneſtable de Montmorency , & de ce qui ſe paſſa à Bourdeaux en l'an 1548 On ne s'entretient dans les deux armées , du Mareſchal de la Mes-Meraye , & du Cheualier de la Vallette , que du pillage de cette pauure Ville , dont on flatte l'auarice des ſoldats ; & dans toute la Prouince , on publie hautement qu'on verra dans peu de iours au-tant de potences droſſées , qu'il y a de rues , de carrefours & de places publiques dans cette Ville , pour y immoler les habitans à la haine & à la vengeance de leur ennemy.

Cette crainte fondée ſur des apparences ſi euidentes , obligea toute la Ville , de ſupplier le Parlement de ſonger ſerieuſement à leur ſalut , cette illuſtre compagnie , qui n'agit qu'auec vne tres grande circonſpection , & qui dans tous les derniers mouuemens s'eſt touſiours conduitte auec vne extreme prudence , s'aſſembla extraordinoirement le 14. & le 15. Iuillet , ſur deliberer pour vne occaſion ſi importante ; Il fut arreſté , qu'il ſeroit donné aduis à Monſieur le Duc d'Orleans , & à Meſſieurs du Parlement de Paris , de l'Eſtat de la Prouince , & des iuſtes ſuiets de deffianc s , que les habitans de Bourdeaux , auoient conceus de l'approche du Cardi-nal Mazarin.

Le 18. Iuillet enſuiuant Madame la Princeſſe , preuoyant que l'orage venoit fondre ſur elle , & ſur le Duc d'Anguien , eut re-cours au Parlement , & y preſenta la Requeſte de laquelle voicy la teneur.

Requeſte de

REQVESTE DE MADAME LA PRINCESSE

A NOSSEIGNEVRS
de Parlement.

SVpplie humblement Claire Clemence de Maillé Princesse de Condé, Disant que depuis qu'il pleust à la Cour donner quelque treve à la persecution qu'elle souffre depuis si long-temps, en la mettant auec Monsieur le Duc d'Anguien son fils, sous la protection du Roy & de la sienne, apres les protestations qu'elle fist, de viure & mourir dans le seruice de sa Maiesté, plusieurs emissaires du Cardinal Mazarin, auteur de toutes les violences qui sont faites à la Maison de Monsieur son Mary, comme il l'est de tous les desordres de l'Estat, voyant enfin qu'elle auoit trouué son azile au pied de la Iustice Souueraine du Roy, & laquelle vous luy auez si fauorablement fait receuoir, se seroient efforcez par un complot formé entre eux & le Duc d'Espernon, l'vn de ses plus affidez Partisans, de semer diuers bruits, que la suppliante auoit fait des traittez secrets pour faire entrer les Espagnols en France, & leur donner des places & des ostages, ce qui est (sauf correction de la Cour) manifestement inuenté, pour la rendre odieuse à vne Compagnie, qui ne conçoit que des pensées conformes au bien de l'Estat, & au seruice du Roy, croyant par vne telle imposture aliener les esprits de beaucoup de personnes, semer la diuision, & former des partis differends en cette Ville, entre ceux qui pourroient y donner toute creance, & ceux qui connoissoient la sincerité de ses intentions : & par effet lesdits emissaires ayant creu qu'ils auoient reüssi en leur dessein, en ont donné aduis audit Cardinal, & luy ont fait entreprendre le voyage de Guienne, qu'il fait presentement à longues iournées pour y exercer des cruelles vengeances, y consommer des alliances de long-temps proiectées, par le moyen desquelles il pretend d'y restablir la tyrannie. Pour y paruenir il tient dés à present cette Ville comme bloquée par deux armées, l'vne desquelles occupe la Du-

G

chdé e Fronsac & les riuieres de l'Isle & Dordogne, & l'autre la
Garonne, & la Duché d'Albret, qui est le seul bien qui restoit à
la suppliante, duquel on luy empesche la jouyssance par les cruels
actes d'hostilitez qu'on y exerce, & les excessiues contributions
qu'on en tire, pendant qu'elle est contrainte d'engager ses pierreries, & de viure d'emprunt, & que le Cardinal Mazarin s'estant
emparé de tous les Gouuernemens, des places & des terres de
Monsieur son Mary, & de celles de Messieurs les Princes de Conty & Duc de Longueville, & a fait vendre indignement depuis
huict iours ses meubles sur le paué de Paris, pour fournir nourritu-
re à ces Princes qu'il tient tytanniquement prisonniers, contre les
Declarations & toutes les Loix de ce Royaume; CE CONSIDERÉ,
& attendu qu'il est notoire, que ledit Cardinal Mazarin s'appro-
chant de Bordeaux à main armée, diuertit iniustement les armées
du Roy de leur employ ordinaire sur les frontieres qu'il laisse ouuertes aux ennemis de l'Estat, pour tremper ses mains criminelle-
ment dans le sang de ses Citoyens, pour y arrester prisonniere la
suppliante & Monsieur le Duc d'Anguien, duquel l'aage le met à
couuert de tout soupçon; IL VOVS PLAISE, en receuant derechef
les protestations qu'elle reitere à la Cour d'vne fidelité inuiolable
au bien de l'Estat & seruice du Roy, renouueller la protection qu'il
luy a pleu luy donner par son Arrest du second du mois passé, &
ce faisant ordonner que tant elle que le seigneur son fils & tous
les subiets du Roy qui se rendirent aupres d'eux pour la seureté de
leurs personnes y demeureront comme ils ont fait iusqu'à present
en toute seureté, auec deffenses audit Cardinal Mazarin & Duc
d'Espernon, tous deux declarez ennemis de l'Estat, perturbateurs du repos public, l'vn par Arrest du Parlement de Paris du
9. Ianuier 1649. conforme à celuy de l'an mil six cens dix sept,
donné sur le subiet du Mrreschal d'Ancre, de mesme nation que
luy, & l'autre par Arrest du Parlement de Bordeaux du vingt-
sixiesme Iuin dernier, d'entrer dans la Prouince de Guyenne &
ressort de ladite Cour, & les troubler ny inquieter directement ou
indirectement, aux peines portées par les Ordonnances, Arrests,
Declarations des Rois faites contre les Estrangers; & que pour faire pleinement executer vos Arrests, & que la force demeure à la
Iustice Souueraine du Roy, permettre audit Seigneur Duc d'Anguien d'armer par mer & par terre, & de leuer de la Caualerie &
Infanterie Françoise, pour s'opposer par la force à la violence &
autres iniustes entreprises desdits Cardinal Mazarin & Duc d'Espernon, leurs fauteurs & adherans, & ferez bien

Cette Requeste ayant esté rapportée les Chambres assemblées,
apres plusieurs aduis, il fut ordonné qu'il seroit fait vne assemblée generale dans l'Hostel de Ville, où les Deputez de tous les
Corps, tant Reguliers que Seculiers, ensemble les plus notables
Bourgeois de la Ville assisteroient, ausquels cette Requeste seroit
communiquée pour consulter leurs sentimens.

Le 20. l'Assemblée ayant esté conuoquée, & s'estant trouuée
fort nombreuse, il fut arresté ce qui s'ensuit.

EXTRAICT DE LA DELIBE-
ration de l'Assemblée tenue dans l'Hostel
de Ville le Mercredy vingtiesme
Iuillet mil six cens cinquante.

A Esté deliberé par l'Assemblée à la pluralité des voix, que
Messieurs du Parlement seront suppliez d'enteriner la requeste presentée par Madame la Princesse pour la continuation de
la protection que ladite Dame demande au Parlement, contre les
ennemis de Monseigneur le Prince son Mary, & ceux de la presente Ville, mesmes contre Monsieur le Cardinal Mazarin &
Monsieur le Duc d'Esperñon, & afin qu'il soit permis à Monseigneur le Duc d'Enguien son fils d'armer par mer & par terre pour
s'opposer aux mauuais desseins que ses ennemis peuuent auoir
sur sa personne, & contre ceux qui sont à sa suitte, & contre le
bien & la liberté de la ville, pour la deffence de laquelle les habitans d'icelle armeront: & apres, que ladite Requeste aura esté
interinée que l'vnion de tous les Corps & Compagnies de la ville soit renouuellée, mesmoment auec Messieurs de la Chambre
de l'Edit, Officiers de ladite Chambre, & autres qui en depen-
dent, & que dans le serment d'vnion on protestera de continuer
d'estre bons François, & tres-humbles & tres-fidelles subiets &
seruiteurs du Roy, qu'il ne sera point fait de nouuelle deputation, mais qu'on escrira à Messieurs les deputez du Parlement
pour leur faire sçauoir la presente deliberation : & pour ceux qui
seront iugez suspects, qui sont dans la ville, ils seront separez &

mis dans des lieux particuliers auec asseurance de leur vie & sans aucune sorte de violence.

Le lendemain 21. Iuillet, la deliberation prise dans l'Hostel de Ville, fut portée au Palais, sur laquelle par Arrest rendu les Chambres assemblées, il fut ordonné que Madame la Princesse, le Duc d'Anguien, & tous ceux qui les assisteroient seroient mis sous la protection du Roy & de la Cour, que la ville armeroit en execution de l'Arrest donné contre le Duc d'Espernon, le 26. Iuin dernier; & pour ouurir les passages des riuieres, que les Arrests d'vnion donnez entre tous les corps de la ville, ensemble des Officiers de la Chambre de l'Edit, seroient renouuellés; que les Commissaires du Parlement procederoient incessament à l'execution de l'Arrest contre les suspects.

Quelques iours apres cet Arrest le sieur Maruc Argentier de la Reyne arriua à Bourdeaux, portant des lettres du Roy au Parlement, & aux Iurats, escrites le 22. Iuillet; par lesquelles le Roy leur donnoit aduis que sans seiourner à Poitiers, & sans s'arrester, il s'en venoit à Bordeaux, pour dissiper diuerses menées, que le Duc de Boüillon & le Prince de Marsillac y faisoient contre le bien de son seruice.

Les lettres de sa Maiesté estoient accompagnées d'vne lettre du sieur de la Vrilliere Secretaire d'Estat, au Procureur General; par laquelle il luy donnoit aduis du voyage du Roy en Guyenne, afin que le Parlement deputast, au deuant de sa Maiesté des Commissaires, dés-lors qu'elle seroit entrée dans le ressort, selon qu'il est accoustumé.

Le Parlement s'estant assemblé le 26. de Iuillet sur le sujet des lettres du Roy, apres vne meure deliberatio, il fut arresté que tres-humbles remonstrances seroient faites par escrit au Roy sur la deffiance, & le desespoir que l'aproche du Cardinal Mazarin ennemy declaré de Bordeaux & protecteur du Duc d'Espernon, pourroit produire dans l'esprit des peuples; & de ne douter point de la sinceré fidelité du Parlement, & de la continuatiõ de ses soins à preuenir, & dissiper les intelligences que les ennemis de l'Estat pourroient former dans la Ville; il fut aussi arresté que le Procureur General pour responces à la lettre du sieur de la Vrilliere luy escriroit que le Cardinal qui est aupres de Roy & de la Reyne, empeschoit qu'on ne peût prendre confiance, ny enuoyer des Deputez au deuant de leurs Maiestez, pour les asseurer de leur fidelité, & de la parfaite obeïssance à leur seruice.

Les remonstrances & la lettre du Procureur General partirent le mesme iour 27. Iuillet, & furent deliurées à cet argentier pour les porter en Cour.   Cependant

Cependant le Cardinal Mazarin voyant qu'il ne luy estoit pas facile de changer à force ouuerte la resolution que les habitans de Bourdeaux auoient prise de ne souffrir pas, qu'il entrat dans la ville, ny de les separer des interests de Madame la Princesse & du Duc d'Anguyen, creut qu'il deuoit se seruir de ses artifices ordinaires, en faisant proposer des moyens de paix & d'accomodement. Pour cet effet le sieur de la Vie Aduocat General, escriuit de Blaye le 14. Iuillet au sieur de Mirat Conseiller au Parlement, & l'vn des mieux intentionnez, de se rendre au lieu de Roquedetau, pour conferer ensemble sur quelques propositions qu'il disoit auoir ordre de faire sçauoir au Parlement.

Le sieur de Mirat s'estant rendu au lieu assigné, ils confererent pendant plus de deux heures : le sieur de la Vie proposa que l'intention de la Reyne estoit d'escouter fauorablement les remonstrances du Parlement, & les prieres de Madame la Princesse sur la liberté de Messieurs les Princes, pour laquelle il se faisoit fort de rapporter responce de sa Maiesté quinze iours apres que les Ducs de Boüillon & de la Rochefoucaut se seroient retirez, & que la Ville auroit desarmé, adioustant qu'il n'estoit pas raisonnable que leurs Maiestez accordassent la deliurance des Princes, tandis que leurs sujets auoient les armes à la main, autremét qu'on hasarderoit plustost l'Estat & la perte de la Couronne, iusques au dernier fleuron : Mesmes il fit pressentir ce qui se pouuoit executer dans le Bois de Vincennes, sur la personne des Princes auant que d'escouter des propositions sur leur liberté, tandis que les Ducs de Boüillon & de la Rochefoucault seroient en armes. Le sieur de Mirat luy porta parole de la part de ces Seigneurs qu'ils estoient tous prests de desarmer, & de se retirer dans leurs maisons, mesme hors du Royaume si la Reine le leur commandoit, moyennant que Messieurs les Princes fussent mis en liberté. Là dessus ils mirent fin à cette conference, & se retirerent.

On receut aduis que le Duc d'Espernon apres plusieurs semonces s'estoit rendu à la Cour, accompagnée de la chere Nanon, de son Confesseur le Pere Escouuette Celestin, & du sieur Moran, Maistre des Requestes, & qu'auant que de partir il auoit laissé les ordres au Cheualier de la Valette son frere pour commander ses trouppes, & pour acheuer de destruire la Prouince, comme il auoit commencé.

Le Roy estoit alors à Angoulesme, où le Cardinal receut le Duc d'Espernon, auec des caresses & des tesmoignages d'vne amitié du tout extraordinaire, neanmoins il falut que ce Duc pour obeyr aux sentimens de son Altesse Royale, se retirast à Loches,

H

apres auoir pris congé de la Cour, & communiqué tres-long temps
auec le Cardinal, auquel il donna toutes les instructions, & toutes
les intelligences secretes qu'il auoit dans Bordeaux.

On eut aussi aduis que le Duc de sainct Simon estoit party de
Blaye pour aller en Cour asseurer le Roy & la Reyne de sa fidelité;
dequoy le Comte du Dognon Gouuerneur de Broüage, Oleron,
& Isles de Xaintonge s'estoit excusé, prenant pour pretexte qu'il
ne pouuoit abandonner son Gouuernement dans l'apprehension
que les Ennemis y fissent quelque irruption : si bien qu'au lieu de
se rendre à la Cour il fit fortifier extraordinairement Broüage, &
le Chasteau d'Oleron, dont il renforça les garnisons par diuerses recreuës qu'il auoit leuées dans le pays d'Aunix, & le Gouuernement de la Rochelle.

Le vingt-huictiesme Iuillet, le Parlement aduerty que le Roy
estoit party d'Angoulesme, & qu'il s'approchoit des confins du
ressort, s'assembla derechef pour deliberer sur l'enuoy des Deputez au deuant de sa Maiesté; ce qui fut resolu, & furent nommez
le President Pichon, les sieurs Sudiraut & Geneste Conseillers de
la Grand'Chambre, les sieurs Pomiers & Grimard Presidens aux
Enquestes, & le Procureur General. Les Tresoriers de France deputerent aussi deux de leur Corps, sçauoir les sieurs Tortaty &
Chapelas : & les Iurats deputerent les sieurs de Bautyran & le
Blanc Procureur Syndic.

Le mesme iour furent faits diuers Registres sur le sujet de l'approche du Cardinal Mazarin, desquels i'ay creu vous deuoir donner vne entiere connoissance par leur teneur que voicy.

*La Cour, les Chambres assemblées, sur ce qui a esté representé que la Ville
n'estant pas en asseurance si le Cardinal Mazarin y venoit, à cause de la protection qu'il a tousiours donnée au sieur Duc d'Espernon.*

*A esté arresté qu'il ne sera point receu, ny aucune trouppes qui pourroient
donner ombrage à la Ville, le Roy sera tres-humblement supplié auoir ag-
greable la presente deliberation pour le bien de son seruice & tranquillité de
ses Subiets. Fait à Bordeaux les Chambres assemblées le vingt-huictiesme Iuillet 1650.*

*A esté aussi deliberé qu'on deputeroit deuers le Roy vn President & quatre
Conseillers pour saluer leurs Maiestez, auec deffences de voir directement ny
indirectement le Cardinal Mazarin, le Duc d'Espernon, le premier President de Bordeaux, la Vie Aduocat General, Constant & autres qui auroient
vendu & trahy la Ville, faire ny receuoir aucun traicté ny proposition.*

Et tacito Senatus Consulto.

*A esté aussi arresté qu'au premier acte d'hostilité on publiera l'Arrest du
Marquis d'Ancre de l'an 1617, contre le Cardinal Mazarin; ce faisant vn*

B

le declarera auteur des desordres de l'Estat, qu'on ennoyera lettres circulaires à tous les Parlemens de ce Royaume contre luy.

Les Deputez ayant eu ordre de partir au pluſtoſt, ils donnerent aduis au ſieur de la Vrilliere de leur deputation, & luy eſcriuirent de leur procurer vn paſſeport pour la ſeureté de leur voyage, lequel ils receurent le trente & vn enſuiuant, daté & expedié à Coutras, où le Roy eſtoit arriué ce iour-là, ce qui obligea leſdits Deputez de partir le premier d'Aouſt.

Cependant le ſieur de la Vie s'aduiſa de reprendre la conference commencée à Roquedetau, & à cet effet il r'eſcriuit par deux fois au ſieur Mirat pour ſe rendre derechef au meſme lieu : à quoy il fit reſponce qu'il s'y rendroit volontiers ſi l'on luy mandoit que l'on vouluſt entendre à la liberté des Princes & non pas autrement : de ſorte que tout ce que le Cardinal peut employer par cette voye d'adreſſe & d'induſtrie luy reuſſi tres mal, auſſi bien que l'inuention du nommé Conſtant, ancien Iurat, qui apres auoir trahy les intereſts de la Ville, & ſejourné quelque temps à Ponts, s'eſtant mis à la ſuite de la Cour, perſuada aux Miniſtres d'enuoyer des lettres de cachet ſous le nom du Roy au Parlement, pour differer l'eſlection des nouueaux Iurats, ſous des pretextes ſi iniurieux à l'honneur des bons ſeruiteurs du Roy, que le Parlement eſtima eſtre obligé, attendu le trouble dans lequel la Ville ſe trouueroit ſi elle eſtoit ſans Magiſtrats, d'ordonner que tres-humbles remouſtrances ſeroient faites au Roy ſur leſdites lettres de cachet, tant pour la forme que pour les termes extraordinaires dont elles eſtoiét conceuës, cependant qu'il ſeroit procedé ſous le bon plaiſir du Roy, à l'eſlection & nomination des nouueaux Iurats, en la forme & maniere accouſtumée.

Suiuant l'Arreſt du Parlement il fuſt donc procedé à l'eſlection & nomination de trois nouueaux Iurats, le premier d'Aouſt, en la forme portée par les ſtatuts de la ville & furent eſlus à la pluralité des ſuffrages : le ſieur de Nort Aduocat General du Roy au bureau des Finances pour le premier rang ; le ſieur Fontenel Aduocat pour le ſecond ; & pour le troiſieſme le ſieur Guiraud Bourgeois : tous trois dignes de la Magiſtrature.

Les Deputez du Parlement, & ceux des Treſoriers de France, enſéble les Iurats ſe rendirent à Libourne, où la Cour eſtoit arriuée vn iour où deux au parauant : ils proteſterent tous à leurs Maieſtés par de belles Harangues leur obeiſſance & leur fidelité ; mais ſut tout le preſident Pichon fit vne Harangue qui fut fort approuuée & de laquelle i'ay creu vous deuoir faire part.

HARANGVE FAITE AV
Roy & à la Reyne par le Presidant Pichon, à Libourne.

SIRE il ne fut iamais de sacrifice plus agreable que celuy des cœurs, c'est la victime que vostre Parlement de Bourdeaux, vient presenter aux pieds de vostre Maiesté, & de mesme que cette Prouince a eu autrefois l'honneur de voir naistre chez elle, ces riches esperances, qui se trouuent au iourd'huy consommées en vostre personne, nous esperons que l'arriuée de vostre Maiesté, semblable à celle du Soleil, qui ne s'approche de nous qu'afin de nous bien faire, n'a eu d'autre obiet que d'y semer des graces, & y faire vne profusion de ses bontez.

Et en ce point, SIRE, vostre Maiesté me permettera s'il luy plaist de luy dire qu'elle ne peut moins faire, puis qu'elle est esclairée des lumieres de la Reyne. Ouy Madame c'est Vostre Maiesté, qui apres auoir comme arrasché du Ciel par la force de nos prieres & de vos larmes, ce gage assuré du repos & de la fœlicité de la France, surmonte encore nos esperances par les miracles continuels de vostre Regence.

C'est vous Madame, qui apres auoir fait triopher le Roy presque des le berceau des ennemis de l'Estat, luy soufmetez auiourd'huy les cœurs de ses suiets par la disposition de ses graces, & qui apres auoir tant donné de victoires à ce Royaume, distribuez la Paix dans toutes ses Prouinces. Aussi entre tous les ornements Madame, qui rehaussent la Couronne des puissances Royalles, il n'en est point de plus digne de leur grandeur, que la clemence & la bonté.

C'est par les appas de ces vertus, que les Princes acquierrent l'Empire des cœurs, & affermissent la Maiesté de leur Sceptre. Et si par les Loix de leur naissance ils sont reconnus pour maistres des Estats, ils deuiennent maistres des hommes par la douceur de leur gouuernement.

Ce sont des qualitez MADAME, inseparables de la conduitte de vos actions, tous vos desseins se rendent illustres par des effets glorieux & salutaires, & si la fable a fait croire autrefois que la Reyne du Ciel auoit formé dans le firmament vne voye de laict

pour

pour l'vsage des Dieux, il nous sera bien permis de dire auec plus
de verité que la sagesse de vos conseils vous a fait suiure dans la Regence en faueur de vos peuples, vn chemin de laict & de mansue-
tude.

Et s'il est vray que dans vos actions toutes Royalles, Vostre
Maiesté SIRE, a l'honneur de prester les mains à Dieu, & d'estre
comme son associé dans la conduitte de son Empire, son authorité
Souueraine n'aura pas moins d'éclat dans les fonctions de la cle-
mence, que dans celles de la Iustice, puis que les Roys estant l'a-
me de leur Royaume qui en est le corps, il semble que les bien-
faits qu'ils espanchent sur leurs suiets, retombent sur eux mesmes.

Ce sont des faueurs, SIRE, que vostre Parlement doit esperer,
puis qu'il s'est tousiours tenu ferme dans les regles de son deuoir,
n'a iamais eu d'autre visée que le seruice & la gloire de vostre Maiesté, & a suiui dans ces conionctures, la mesme sagesse que ceux
d'Atthenes pratiquoient à la feste des Estoilles, où leurs vœux &
leurs sacrifices se faisoient tousiours à l'honneur du Soleil.

Ce n'estoit pas assez MADAME, que la Normandie & la Bourgogne eussent esté comme inondées du torrent de vos graces, que
la presence de vos Maiestez eut dissipé leurs nuages, & restably le
repos & la tranquilité publique, il falloit encore que la Guyenne
receut la derniere profusion de vos bontez ; que la pourpre de
ce Parlement eut l'honneur de reprendre ses plus viues couleurs,
& redoubler la beauté de ses feux à l'aspect de vos Maiestez ; &
que cette Prouince si long temps le theatre de la guerre, toute
desfigurée par la ruine de ses embrasemens, treuuat encore vn remede conuenable à ses maux dans cette main Royale.

C'est de vostre protection, MADAME, que nous atten-
dons la fin de nos miseres ; & que nous verrons arracher de cette
Prouince cet arbre fatal, qui pareil à celuy, dont parlent les na-
turalistes, met la guerre & la confusion par tout où il se trouue.

Et c'est dans cette assurance MADAME, que nos cœurs s'es-
panoüissent en des cris d'allegresse, & qu'apres ces témoignages
publics de nos ressentimens, nous aduoüions encore nostre foiblesse, d'estre impuissants à exprimer la grandeur de nos ioyes & de
nos recognoissances.

Aussi l'amour des Princes vers leurs suiets, & les respects &
obeïssances des suiets vers leurs souuerains, estant les liens sacrez
qui les vnissent, c'est dans cette heureuse intelligence que nous
deuons souhaitter l'affermissement de vostre Empire, que vostre
Maiesté, qui s'est fait voir si redoutable à vos ennemis, paroistra
neantmoins desarmée aux yeux de ses peuples, & que ces feux es-

I

clatans dont elle est enuironnée, seruiront à rendre ses suiets plus
illustres, de mesme qu'à consommer ses aduersaires, & c'est encore parmy ces genereuses inclinations, que Vostre Maiesté SIRE,
bien qu'en ses plus ieunes années acquerra ce titre glorieux de pere
de ses peuples, & fera enuier à vos voisins l'honneur d'vne si douce domination, ce sont, SIRE, les vœux, les sentimens, & les protestations de vos tres-humbles, tres-obeïssans, & tres fidelles suiets, seruiteurs & officiers.

On receut cependant aduis de Thoulouze, que le Parlement de
cette ville-là auoit donné Arrest le premier iour d'Aoust, portant
que le Roy seroit instamment supplié de reuoquer le Duc d'Espernon, & donner vn autre Gouuerneur à la Guyenne : ce qui fait esperer qu'enfin apres tant de supplications si souuent reiterées, la
Reyne aura la bonté d'accorder à ses peuples cette grace, qu'ils de-
mandent à leurs Maiestez auec tant d'ardeur.

Cinquiesme Cource.

ENfin l'armée du Mareschal de la Messeraye, apres auoir long-
temps campé le long des bords de la Dordogne és enuirons de
Fronsac & du Cubsagues, passa cette riuiere le 30, & le 31. Iuillet,
au port de Brane, sur vn Pont de batteaux qu'il auoit fait dresser,
pour la comodité du passage, & s'aduança dans le pays d'entre deux
mers (c'est ainsi qu'on appelle le pays qui est enfermé de ces
deux beaux fleuues, la Gatone & la Dordogne) par les ordres de
ce grand Cardinal, qui alloit au siege de Bordeaux, comme à vne
conqueste infallible: les traistres & les espions qu'il auoit à ses ga-
ges dans cette Ville luy en faisant esperer vn succes conforme à ses
souhaits; & entre autres vn malheureux Italien demeurant à Bordeaux, qui s'estant de longue main interessé dans la maison du Duc
D'Espernon, à cause de plusieurs heritages de notable valeur, qu'il
possede dans le pays de Medoc releuant de ce Duc, & par les
sommes qu'il luy a prestées, & par des monopoles pratiquées entre luy & le nommé Glac vn des Agents du Duc d'Espernon, auoit
tousiours entretenu pendant tous les troubles precedens vne se-
crete correspondance auec ce bel Agent : Mais voyant approcher
le Cardinal (comme il n'y a rien de si facile que de pernonniste deuenir Mazarin, & qu'en effet ce n'est à proprement parler qu'vne
mesme chose) trouua moyen de s'intriguer auec le Mazarin, par le

moyen d'vn domeſtique du Cardinal, natif de Luques, & de meſme nation que luy; & par l'inuention d'vn Commis aux Finances,
qui a touſiours ſuiuy la Cour (qui de bien Maigre qu'il eſtoit lors
qu'il vint dans la Prouince s'eſt extremement engraiſſé) lequel ſer-
uoit de truchement d'eſpion, & de correſpondant pour faire tenir en aſſurance tous les aduis qui venoient de Bordeaux à la Cour
de la part de ce traiſtre.

Le Chaſteau de Vayres pouuoit incommoder la marche de l'armée du Cardinal, dans le deſſein qu'il auoit de ſe rendre au deuant
de Bordeaux, du coſté de la Baſtide, c'eſt pourquoy il ordonna
qu'on l'iroit aſſieger.

Ce Chaſteau eſt ſcitué ſur la riuiere de Dordogne, à deux petites
lieuës au deſſus de Libourne, & à quatre lieuës du Becdambez, où
la Dordogne ſe rend dans la Garonne: il eſt baſty ſur vn rocher
qui le rend du coſté de la riuiere, & par le derriere d'vn accez aſſez
difficile; du coſté de la terre il y a vn bourg & l'Egliſe par où l'abord
eſt tres-aiſé; & c'eſt en ce lieu que le Duc de Boüillon depuis qu'il
s'eſtoit ſaiſi de cette place, auoit fait faire quelques dehors auec des
retranchemens, & auoit mis pour la garde de ce Chaſteau 300.
hommes en garniſon commandez par le ſieur Richon natif du
lieu de Guiſtres, & Bourgeois de Bordeaux.

Le premier d'Aouſt le Mareſchal de la Meſſeraye apres auoir
fait ſommer par vn trompette la garniſon, fit donner par les enfans
perdus dans les retranchemens du Bourg, mais s'ils furent bien attaquez, ils furent auſſi bien deffendus: tout ce iour & le ſuiuant ſe
paſſerent en continuelles eſcarmouches, ceux qui ſoutenoient les
retranchemens eſtoient de temps en temps rafraichis par ceux qui
eſtoient reſtez pour la garde du Chaſteau, qui faiſoient inceſ-
ſamment des deſcharges ſur ceux du party contraire, auec cinq petites pieces de campagne pointées ſur la muraille du Chaſteau,
auec vn tel aduantage, qu'il eſt certain qu'il fut tué de la part des
aſſaillans plus de deux cens hommes, & entre autres des perſonnes d'vne illuſtre naiſſance, & pluſieurs braues Gentils-hommes,
qui pouuoient rendre de grands ſeruices à la France, s'ils euſſent
eſté employez contre les ennemis de l'Eſtat, & non contre les fideles ſubiets du Roy.

Le Mercredy troiſieſme de ce mois, le Mareſchal de la Meſſeraye
ayant obtenu du Commandant de Vayres, vne treue pour faire enleuer ſes morts: Pendant la treue le Marquis de Biron Mareſchal
de Camp, & le ſieur Theobon, s'eſtant abouchez auec vn nommé Theuenin, couſin germain de Richon Capitaine & Major de
la garniſon de Vayres, lequel commandoit vn poſte aſſez aduancé

hors du Chasteau, qui respondoit neahtmoins à vne fausse porte, par laquelle on descend du Chasteau au Iardin, corrompirent ce malheureux par mille vaines esperances, dont ils leflatterent, & par la promesse qu'ils luy firent de le faire Capitaine, & d'incorporer sa Compagnie dans le Regiment de la Messeraye.

Ce perfide s'estant laissé seduire donna l'entrée aux Ennemis par cette fausse porte auant mesme que le temps de la treue fut expiré, Richon se voyant si malheureusement trahy, ne perdit pas cœur, il se retrancha auec ce qui luy restoit de soldats de son party ; mais le nombre de ceux de dehors grossissant tousiours, il fut enfin contraint de se rendre apres que les sieurs Biron & Theobon, luy eurent donné asseurance de sa vie.

La place ainsi renduë sur les onze heures du matin (& au mesme temps presque que le Comte de Meille s'aduançoit pour y ietter du secours qu'il menoit de Bordeaux) Richon fut conduit au Mareschal de la Messeraye, lequel l'enuoya à Libourne au Cardinal Mazarin, suiuant l'ordre qu'il en receut de la Cour, auec cent des soldats de sa garnison qui s'estoient rendus auecque luy : & pour le regard du traistre Thexenin, il fut, comme on luy auoit promis, receu Capitaine au Regiment du grand Maistre, auec sa Compagnie, mais la pluspart des soldats plus fideles que luy quitterent ce party, & se vindrent rendre dans les troupes du Duc d'Anguien, detestans la lacheté de leur Chef.

Le Duc de Bouillon aduerty par le retour du Comte de Meille de la reddition de la place, & de la prise du Commandant, enuoya en diligence vn trompette au grand Maistre, pour le prier de le vouloir traitter en prisonnier de guerre, l'asseurant qu'il feroit le mesme traittement aux prisonniers qu'il auoit, que celuy qu'il feroit à Richon, & à ses soldats ; il fit responce que Richon n'estoit plus en son pouuoir, & qu'il l'auoit envoyé à la Cour.

Cependant les Deputez du Parlement & de la Ville qui estoient allez rendre leurs respects, & asseurer le Roy & la Reyne de leur obeyssance, reuindrent à Bordeaux, & y arriuerent le Ieudy quatriesme d'Aoust à dix heures du soir. Le lendemain ils firent leur relation au Parlement du bon accueil qui leur auoit esté fait à la Cour ; & des paroles toutes pleines de bonté auec lesquelles la Reyne les auoit receus. Ils n'oublierent pas de rapporter à la Compagnie, comme quoy pendant que le President Pichon prononçoit sa Harangue, il enuisagea bien souuent le Cardinal Mazarin qui estoit derriere la chaise du Roy, sans le saluer en le regardant auecque grand mespris : Enfin ils rapporterent à leur Compagnie les Propositions que le sieur de la Vrilliere leur auoit mises

main, apres les auoir leuës en presence de leurs Maiestez, sur lesquelles la Reyne auoit tesmoigné vouloir bien-tost estre esclaircie
Et afin que vous puissiez sçauoir en quoy consistent ces Propositions ie veux bien vous en faire part.

LES PROPOSITIONS
FAITES AVX DEPVTEZ DE
BOVRDEAVX.

LE Roy estant venu en la Prouince de Guienne pour
faire ressentir à la Ville de Bordeaux les effets de sa
bonté, par vne Amnistie generale, desire pareillement estre
esclaircy, si les habitans de ladite Ville de Bordeaux ne
veulent pas le receuoir dans l'estat conuenable à sa Maiesté, & aux formes qu'il a accoustumé d'entrer dans les
Villes de son Royaume.

Comme aussi sa Maiesté desire estre esclaircie, si lesdits
habitans ne veulent pas faire sortir de la Ville de Bordeaux, les sieurs de Boüillon & de la Rochefoucaut, declarez criminels de leze Maiesté par tous les Parlemens de
France, qui ont signé vn Traité auec l'Espagne, & lesquels y ont enuoyé Sillery & Sauuebeuf à cet effet. Que le
Mareschal de Turenne frere dudit sieur de Boüillon est entré en France auec les Ennemis de l'Estat, & y feroit beaucoup de progrez & de violences, s'il n'en estoit empesché
par la foiblesse de ceux qui l'assistent, & par les forces
qu'on luy oppose; que de plus ledit sieur de Boüillon s'est
vanté que Bordeaux luy vaudroit bien Sedan.

Ce iour qui estoit le cinquiesme d'Aoust, la deliberation n'ayant
peu estre acheuée, elle fut remise pour estre continuée au lende-

K

main ; auquel iour comme on finissoit la deliberation , & qu'apa-
ramment il passoit à la pluralité des voix de deputer de rechef en
Cour pour traiter des moyens d'vn accommodement ; suruint la
nouuelle de la mort de Richon condamné à estre pendu & estran-
glé à Libourne.

Au recit de cette sanglante execution le Parlement se leua , le
peuple & les Bourgeois coururent par les ruës, criant iustice & re-
paration de ceste violence. *Est-ce le bon traitement , disoient-ils ,*
que le Cardinal nous prepare ? sont-ce les effets de la bonté qu'on nous veut
faire ressentir ? que sont deuenues les assurances qu'on a données à nos Depu-
tez , d'vn pardon , d'vn oubly & d'vne amnistie generalle ? que deuons
nous attendre d'vn si cruel & d'vn si barbare ministre ? puis qu'il a si in-
humainement fait mourir vn de nos Bourgeois , vn de nos compatriotes , pour
ceste seule consideration qui estoit Bourgeois de Bordeaux.

En effet, c'est le seul crime pour lequel ce braue soldat digne
d'estre à iamais loüé de la posterité a esté condamné, car ny par
les loix de la guerre , ny par celles de la Iustice ordinaire, il ne me-
ritoit aucune peine: mais il auoit , dit-on , tenu contre l'armée
Royalle, il auoit attendu le canon sans s'estre rendu, se voyant renfermé dans vne meschante place ; & par consequent il deuoit
mourir selon les loix de la guerre. Ceste maxime qui a serui de pretexte pour condamner vn innocent, n'est pas si certaine & indubi-
table, qu'elle ne souffre ses exceptions , lesquelles se rencontrans
dans cette occurrence, il faut necessairement inferer que cette condemnation est iniuste & pleine de violence , mesme selon toutes
les loix de la guerre, qui exceptent de la rigueur de la Iustice celuy qui se trouue en pareille occasion, lors qu'il a vne porte de derriere pour se sauuer, ou l'esperance d'estre promptement secouru :
On ne peut pas nier que Richon n'eust ces deux auantages ; la riuiere qui baigne les murailles de Vayres , pouuoit fauoriser sa retraitte ; & l'esperance du secours estoit si certaine, qu'il parut presque auant la reddition de la place , à quoy si on adiouste les circonstances de sa prise , la trahison de Theüenin , la parolle de deux
Gentils-hommes d'honneur , à la foy desquels il se commit, on
trouuera qu'on a violé en la personne de ce prisonnier , & les loix
de la guerre , & le droit des gens , & tout ce qu'il y a d'équité & de
iustice parmy les hommes.

La condemnation & la mort de ce genereux prisonnier , furent
accompagnées de plusieurs circonstances remarquables que ie ne
dois pas vous taire : Les sieurs Biron , & Theobon , aduertis qu'au
lieu de traitter Richon en prisonnier de guerre, le Cardinal Mazarin cherchoit le moyen de le faire mourir , & qu'à ce dessein

luy auoit donné des Iuges ou plutoſt des bourreaux, ſe rendirent
promptement à Libourne, & comme la courtoiſie & la generoſi-
té ſont naturelles à la nobleſſe françoiſe, & que d'ailleurs ils eſtoiét
engagez à ce deuoir par leur parole, ils firent tout ce qu'il leur
fuſt poſſible, pour empeſcher qu'il ne fuſt condamné : ce que
n'ayant peu obtenir de ce cruel miniſtre, qui eſt d'vne nation qui
ne pardonne iamais, ils eurent recours à Mademoiſelle, que toute la France reconnoiſt pour la plus charitable & la plus genereuſe
Princeſſe de la terre, laquelle demanda & obtint de la bonté de
noſtre ieune Monarque, la vie & la grace pour ce braue priſonnier.
Mais le Cardinal Mazarin en eſtant aduerty, preuint l'effet de la
bonté Royalle, & pouſſé par ſon inclination naturelle qui le porte à la vengeance, preſſa extraordinairement l'execution, & en
plein midy, à la veuë de toute la Cour fit traiſner comme vn infa-
me criminel vn ſoldat genereux, vn innocent, & vn priſonnier de
guerre à vne potence qu'il auoit fait dreſſer en la place publique
au deuant de la hale : Comme on le conduiſoit à la mort, il ſou-
haitta qu'on luy changeaſt le genre de ſupplice, & qu'on luy fiſt
couper la teſte, mais cette grace luy ayant eſté refuſée : *Allons,
dit il, à la mort, allons au feu, allons eſprouuer les plus cruels tourmens
qu'on nous voudra faire reſſentir, ie meurs content, puis que i'ay cette ſatisfaction de mourir pour le veritable ſeruice de mon Roy & de ma patrie.*

Le Cardinal Mazarin vit de ſes propres yeux ce ſanglant ſacrifi-
ce, il eſtoit à la feneſtre d'vne maiſon qui regarde ſur la place : O!
que ce cruel & ſanguinaire miniſtre ſouhaita bien ſouuent comme
vn autre Neron, pendant le temps que dura ceſte execution fune-
ſte de pouuoir faire perir en la perſonne d'vn ſeul bourgeois de
Bordeaux, tout le reſte de la ville ; & encore comme ſi la mort de
cet innocent luy euſt trop toſt oſté le plaiſir qu'il auoit de luy voir
rendre l'ame parmy les douleurs, il voulut que le corps demeurat
attaché au gibet, & expoſé à la veuë de tout le monde.

Le recit de cette violence rompit, comme i'ay cy deuant dit
l'aſſemblée du Parlement : le Duc de Boüillon preſſé par les clameurs du peuple ſe trouua obligé d'aſſembler le Conſeil de guerre
pour arreſter le cours d'vne vengeance ſi precipitée. Il y auoit pluſieurs priſonniers detenus dans le chaſteau du Ha, qui auoient eſté
pris à l'attaque de l'iſle S. Georges, & entre autres le ſieur Canol-
les, Maior, & commandant le Regiment de Nauailles, ce fuſt celuy qui fuſt choiſi pour eſtre ſacrifié aux manes de Richon : dignes
certes tous deux d'vn meilleur ſort : dure neceſſité, cruelle loy de
la guerre, qui punit l'innocent pour le coupable ! hé quoy falloit il
immoler cette nouuelle victime à la cruauté de ce monſtre de la Si-

cillé; enfin ce second innocent finit ces iours par le mesme genre de mort qu'auoit fait le premier, le 6. d'Aoust enuiron les huict heures du soir sur le port de Bordeaux dans la place des Chartreux où son corps demeura exposé iusques à ce qu'on eust appris que celuy de Richon auoit esté enterré à Libourne.

Et dautant que le Cardinal n'ayant pas pleinement satisfait sa passion par la mort d'vn Innocent, se vengeoit encores sur les choses inanimées, faisant démolir & raser le Chasteau de Vayres, qui appartient au President de Gourgues, absent depuis longues années de la Prouince, & auant tous les troubles: Le Duc de Boüillon estima qu'il deuoit reprimer cette violence, en faisant souffrir le mesme dommage à ceux du party du Cardinal: pour cét effet il ennoya demolir le Chasteau de Lormont, appartenant à l'Archenesque de Bourdeaux, qui s'estoit retiré de la ville; mais estant aduerty qu'on trauailloit à la demolition de Lormont il fit cesser celle de Vayres, qui est cause que le Duc de Boüillon a fait aussi cesser reciproquement celle du Chasteau de Lormont. L'armée du grand Maistre ayant quitté les enuirons de Vayres, vint camper à Creon, petite Ville, dans la terre esloignée de trois lieuës de Bordeaux: durant sa marche le Cardinal voulut faire son entrée deuant Bordeaux; il luy vint en la pensée de s'auancer à vne lieuë prés, sur vne petite eminence, de laquelle on voit Bordeaux à descouuert: Comme il estoit rauy dans la veuë d'vne si agreable Perspectiue, quelques Coureurs que le Duc de Boüillon detacha du Fort de la Bastide luy donnerent la chasse, & l'obligerent de se sauuer dans le gros de ses troupes. En effet sur l'aduis qu'on eust à Bordeaux que les troupes Mazarines paroissoient sur le terre du Cipressa, les Ducs de Boüillon, & de la Rochefoucault, & Madame la Princesse mesme, passerent en diligence la riuiere, pour leur aller au deuant; la Princesse en se retirant fit donner 20. pistoles aux soldats du Fort de la Bastide.

L'isle S. George tousiours inaccessible au general de la Valette, qu'on peut appeller à bon droit le theatre de Mars, & le cimetiere des trouppes du Duc d'Esperno, attaquée de toutes parts depuis le 2. Aoust par l'armée cõmandée par ce General, a resisté à tous les efforts qu'il a fait pour s'en rendre le maistre; & à la fin il y a laissé la vie & fait perir auec luy les plus braues de son armée: Il est inouy qu'vne poignée d'hommes, qu'vne garnison de 250. soldats retranchez dans vn meschant fort, ayent si long-temps combattu contre des forces si inégales; ils ont pied à pied deffendu l'entrée de l'isle, le moulin, & l'Esglise; finalement ceux du party contraire ayant basty vn reduit à la portée du mousquet de leur fort, ces

braues

braues infulaires commandez par le fieur de la Mothe Delas, fe-
condez du fieur de Nort, Lieutenant Colonel du Regiment d'Anguyen, ont forcé l'efpée à la main les ennemis d'abandonner ce
pofte. Ce fut en ce combat que le General de la Valette fut bleffé
d'vn coup de moufqueton à la cuiffe, & d'vn coup de fufil à l'ef-
paule, defquelles bleffures il mourut deux iours apres dans la maifon d'vn paifan du village d'Arbanas : dans la mefme occafion furent tuez les fieurs du Breüil Marefchal de bataille, Aubarede, &
plufieurs autres volontaires & officiers de l'armée.

La conferuation de cette ifle, & les aduantages remportez fur
ceux du party contraire, font deubs au foin & à la diligence qu'a
apporté le fieur Morpain, qui commande vn efcadre de galiottes,
lequel a conduit nuit & iour du fecours, des munitions de guerre, & de bouche pour la deffenfe des affiegez ; lefquels à prefent le
grand Maiftre menaffe de tous les foudres de fon artillerie, qu'il a
defia pointez fur vne eminence proche du lieu de Cambes, d'où il
a commencé de batre en ruine ce fort, qui ne fçauroit à la fin refi-
fter plus long temps à de fi preffantes attaques : auffi comme ie
partois de Bourdeaux, on eft venu apporter la nouuelle qu'il s'e-
ftoit rendu à compofition, & que quelle inftance qu'on ait fait
aux foldats pour les obliger de prendre party dans les trouppes du
Marefchal, ils ont refufé conftamment de feruir ailleurs que fous
le commandement du Duc d'Anguyen.

Les caualiers du Duc de Boüillon font fouuét des courfes fur ceux
du party contraire, fur lefquels il remportent toufiours quelque
nouuel auantage ; entr'autres le fieur de la Mothe Guionet, eftant
allé battre l'eftrade auec 50. cheuaux deuers Sadirac, à vne lieuë
de Créon, il fit rencontre d'vne compagnie de caualleriе des ennemis qu'il furprit dans vn vallon, où il les pouffa fi vertement, qu'il
en demeura quatorze de tuez fur la place, dix de bleffez, & huiċt
furent faits prifonniers, le refte fe fauua à la fuitte.

Tandis qu'on fe bat fi chaudement à la campagne, on trauaille
ferieufement à la recherche des moyens de fe bien deffendre dans
la ville ; on a pourueu à la fourniture des Magafins publics qu'on
a remply de toutes fortes de prouifions ; On a éfloigné quelques-
vns des habitans qu'on a creu fufpects, defquels on a retenu les
enfans & les femmes dans leurs maifons pour feruir d'oftages. Le
Duc de Boüillon mefme pour effacer les mauuaifes impreffions
qu'on auoit qu'il traitoit d'vn accommodement, fuft au Palais
pour donner au Parlement & à la ville, toutes les affurances qu'on
pouuoit defirer de fa conduite, & tous les ordres de la ville firent
de nouueau le ferment de demeurer à iamais ynis dans vne legitime deffenfe.

L

Le Cardinal Mazarin ayant apris que la corde de laquelle il auoit fait perir Richon, seruoit de nœud pour vnir plus estroitement ensemble les habitans de Bordeaux, pour se garantir de sa tyrannie, fit escrire le iour ensuiuant par le sieur de la Vrilliere au President Pichon, pour excuser ce qui s'estoit passé en sa condemnation, & pour l'inuiter à quelque conference : mais la defiance leur a fait reietter ceste proposition comme vn piege qu'on leur veut tendre, & des embusches qu'on leur veut preparer, desquelles la main de Dieu, qui veille incessamment pour la protection des innocens les garantira à la confusion de tous leurs ennemis.

Sixiesme Course.

JE trouue tant d'obstacles sur ma route, & l'on m'impose vn si rigoureux silence, quand ie suis arriué, que vous ne deuez pas trouuer estrange si i'ay demeuré si long-temps à vous faire part des nouuelles que ie vous apporte de cent cinquante lieuës loin d'icy : ie me picque de vous en porter de veritables, sans interest & sans passion, ainsi ie pretends qu'elles doiuent estre bien receuës, & que le desir de sçauoir la verité de ce qui se passe dans vne si belliqueuse Prouince, vous doit obliger de me faire vn bon & fauorable accueil.

Le Mareschal de la Meslerave voyant qu'il n'y auoit que des coups à gagner aux enuirons de Bordeaux, & que les coureurs du Duc d'Anguyen luy enleuoient tous les iours des caualiers, iusques à la portée du mousquet de Creon, où il s'estoit campé, a quitté ce poste, & s'est retiré à Branc, pour pouuoir, à la faueur de son pont de basteaux repasser la Dordogne quand il se verra pressé : il a iugé ce petit fort de gazon de l'isle S. George de si peu de deffense, & de si difficile garde, qu'apres que les nostres en ont esté sortis, il l'a abandonné : en effet la garnison qu'il y eust laissée couroit grand risque de receuoir souuent des visites de nos galiottes, & aussi incommodez que celles que receut le Vendredy 14. d'Aoust la compagnie des cheuaux legers de la Garde de la Reyne au bourg de sainct Andras, à deux petites lieuës de Libourne.

Le iour auparauant le Duc de Bouillon fit embarquer sur le port de Bordeaux deux Compagnies de Caualerie de cinquante Cheuaux, lesquelles estans arriuées sur les trois heures apres minuit au port de Cubsac sur la Dordogne, marcherent iusques au bourg de S. Andras, qui n'est distant que d'vn quart de lieuës de ce Po-

ste, où ils surprirent cette Compagnie dorma̅t à la Françoise, luy
donnerent la Camisade, enleuerent leurs cheuaux, armes, bagage, argent, & habits, qu'ils menerent à Bordeaux auec le Trompette de la Compagnie, & 30. prisonniers; les autres se sauuerent
presque tous en chemise à Libourne, où l'espouuente fut si grande par l'arriuée de ces fuyards, que comme si toute l'armée du
Duc d'Enguien eust esté aux portes de la Ville, chacun se mit à
trousser ses masles, sans attendre *le son des timbales*, & crier, *sauue le*
Roy, *sauue le Roy*, son Eminence mesme, ce Ministre sans peur, se
fit botter en diligence.

Le Marquis de Cugnac arriué à Bordeaux le 12. d'Aoust, entra
au Palais le 13 ensuiuant, pour asseurer le Parlement de l'approche
du Mareschal de la Force son Ayeul, & des Marquis de la
Force & Castelnau enfans de ce Mareschal, auec six mil hommes:
Le Parlement ayant accepté ses offres, promit pour partie des
frais d'vn armement si considerable, quatre cens mille liures, desquelles le Mareschal de la Force deuoit toucher deux cens mille
liures comptant, & le reste luy deuoit estre compté à son arriuée
à Bordeaux.

La memoire de Richon commandant de Vayres, fut restablie
par Arrest du Parlement, lequel voulut honorer de sa presence, comme firent toutes les autres Compagnies de la Ville, vn
seruice qui se fit aux despens du public, pour le repos de son
ame; auquel Madame la Princesse, Monsieur le Duc d'Enguien,
les Ducs de Boüillon & de la Rochefoucaut, & plusieurs Seigneurs assisterent, tesmoignant le regret qu'ils auoient de la mort
violente de ce braue Gascon; qui n'ayant laissé apres luy qu'vne
mere affligée, vn frere & vne sœur; Madame la Princesse a pris
dans sa maison & le frere & la sœur, & promis à la mere vne pen-
sion de cinq cens escus chaque année: charité certes, digne d'vne
grande Princesse.

Les soins qu'on prend à Bordeaux à preparer les choses necessaire pour vne legitime defense sont extraordinaires, on a basty vn
Fort au dehors du Fauxbourg S. Surin, celuy des Chartreux est
parfaitement bien retranché; les Bourgeois & les soldats soldoyez
font souuent l'exercice, & tesmoignent tant d'adresse, de courage
& de cœur, qu'on peut dire sans *rodomontade*, qu'il seroit bien difficile de trouuer de meilleure Infanterie dans tout le reste du
Royaume.

On equipe tousiours des noūueaux vaisseaux, quoy que nostre
flote soit long-temps y a en estat de ne craindre pas celle que ceux
du party contraire nous voudroient opposer: pour les bien rece-

uoir on conftruit vne Galére de 64 rames, fur laquelle on pretend
monter vn courfier de 25. liures de balle, & quantité d'autres pieces dé moindre calibre.

Le trafic pourtant & le commerce ne difcontinuënt pas : à voir
les boutiques ouuertes, les artifans occupez à leur trauail, l'abondance des viures, les paifans, aller & venir auec affeurance des
champs à la ville, & de la ville aux champs, on diroit qu'il y a
plus de cent ans qu'on n'y a parlé de guerre.

Il n'en eft pas de mefme à Libourne, qui commence d'eftre in-
fectée de diuerfes maladies contagieufes, où les gens de guerre
ayant pillé tous les villages des enuirons, la Cour y fouffre vne
extreme difette, de forte que n'y pouuant plus fubfifter elle en deuoit partir le 15. pour s'en aller à Bourg : le Cardinal eut bien dé-
firé conduire le Roy à Blaye, mais il a preffenti que fon Eminence
n'y feroit pas receuë : & du depuis le Roy eftant allé voir cette
place le Cardinal ne l'y a point accompagné.

La pieté eftant infeparable de la vraye valeur, les occupations
de la guerre n'ont pas interrompu celles de la deuotion; on fit le
15. d'Aouft iour dedié à l'Affomption de la Vierge, pour l'accom-
pliffement du vœu du deffunct Roy, la Proceffion generale : à laquelle affifterent à l'ordinaire tous les ordres de la Ville & Reguliers & Laïques ; Madame la Princeffe, le Duc d'Enguien,
les Ducs de Boüillon & de la Rothefoucaut s'y trouuerent auffi,
fuiuis d'vne infinité de Nobleffe, dont l'exemple animoit la deuotion du peuple.

Le Parlement aduerty de l'arriuée à Libourne des Deputez du
Parlement de Paris, depefcha à l'inftant Suau Greffier de la grand'
Chambre, auec des lettres pleines de ciuilité, & de reconnoiffance
des fatigues que ces illuftres perfonnages ont fouffertes dans vn
voyage de 150. lieuës, pour porter à leurs Maieftez les remon-
ftrances, dont cét Augufte Senat les auoit chargez : mais on craint
que le peu de temps qu'ils ont feiourné à la Cour (où à peine ont
ils demeuré cinq heures entieres) n'aura pas permis à ce Greffier
de s'acquitter de fa Commiffion : le mefme Suau a efté chargé d'v-
ne defpefche pour le Roy, portant refponces aux propofitions
qui furent faites aux Deputez du Parlement lors qu'ils eftoient à
Libourne, & qui leur furent baillées par le fieur de la Vrilliere.

Nonobftant tous les empefchemens qu'on s'eft donné iufques à
prefent à la Cour d'arrefter à Libourne les Courriers qui viennent
de Paris, & d'empefcher ceux de Tolofe, de Limoges & de Nan-
tes de venir à Bordeaux, nous n'auons pas laiffé de receuoir des
nouuelles prefque de tous les lieux du Royaume. On nous efcrit

de

de Tolose, que le Cardinal Mazarin ayant fait instance aux Capitouls de cette Ville-là pour luy enuoyer douze canons, des poudres & des boulets; qu'ils s'en sont excusez sur leur impuissance, & qu'ils ont seulement offert d'enuoyer quatre pieces de campagne, sans poudre, ny boulets, pourüeu qu'on leur donnast des asseurances pour la restitution; à la fin à force d'importunité ils ont fourny deux canons seulement.

On nous escrit aussi de Brouage que le Comte du Dougnon continue sans relasche ses nouuelles fortifications, & que diuers voyages que l'Euesque de Xaintes a faits de la Cour à Brouage, pour l'obliger d'enuoyer des vaisseaux à Bordeaux ont esté inutiles.

On adiouste vne nouuelle qui n'est pas de moindre consequence; sçauoir que six grands vaisseaux de guerre équipez à Blauet que conduisoit à Bordeaux le Cheualier la Lande, ayant esté rencontrez par des vaisseaux Anglois, que ce cheualier auoit assez temerairement attaquez, il y a eu vn tres rude combat entre eux, pendant lequel le grand Iulles & deux autres Nauires ont esté coulez à fonds, le vaisseau appellé la Lune à pris la fuite vers les Costes de Portugal, où la Flotte Angloise l'a suiuy; les deux autres restans se font sauuez à la faueur du vent en haute mer : & que le Cheualier de la Lande ayant esté pris a esté traitté en escumeur de mer par les Anglois qui luy ont fait trancher la teste sur le tillac de leur Admiral.

Le 17. d'Aoust le nommé Meautric Garde des Costes, arriua deuant Blaye, & vint moüiller l'ancre au Bec d'Ambes, auec quatre vaisseaux & seize pinasses; de quoy aduerty le Duc de Boüillon, fit partir en mesme temps le sieur Barbantane, pour l'aller reconnoistre auec quelques Galliotes.

Au reste c'est auecque raison que vous me demandez bien souuent des nouuelles de Loches, puis qu'estant obligé de passer & repasser en cette Ville-là se trouuant sur ma route, nul autre Courier que moy, ne vous peut informer de ce qui se passe en ce lieu: Vous apprendrez donc que le Duc d'Espernon y est arriué depuis quelques iours, auec sa Cour & son Serrail; & que ce Prince apres de si grandes victoires qu'il a remportées sur les Bordelois, se delasse sur les bords de l'Indre, des trauaux qu'il a eus en tant de batailles où il s'est rencontré : ce grand homme se plaist maintenant à cueillir en Touraine des myrtes sur le sein de Nanon, apres auoir cueilly tant de palmes & de lauriers en Guyenne. Il a fait chanter vn *Libera* pour l'Ame du pauure Cheualier de la Valette son frere; & à peine pourroit il essuyer les larmes que cette

mort luy a cauſées, tant il eſt de bon naturel ; s'il ne ſe conſoloit
en voyant que celuy qui auoit ſi hautement entrepris ſa vengeance, & proteſté d'humilier & d'abattre les Bordelois à ſes pieds, y
reüſſit auſſi mal qu'il a fait.

Septiefme Course.

LE 16. iour d'Aouſt il ſe fit à Bordeaux par l'ordre des Iurats
vne fort belle reueuë des Bourgeois capables de porter les armes : ils eſtoient bien dix mille, ſans comprendre ny les Officiers
du Parlement & des autres Compagnies, ny pluſieurs Bourgeois,
que la chaleur du iour fit demeurer à l'ombre. Madame la Princeſſe eut le plaiſir de voir paſſer ces braues fantaſſins ſous les feneſtres du logis du Bureau du Conuoy : Monſieur le Duc d'Enguien
oyant le ſon des tambours & la ſalue de la mouſquèterie, ſe tour-
nant deuers ſon Eſcuyer, luy dit, auec vne action innocente &
guerrière tout enſemble ; *ça, ça, donnez-moy mon eſpee que ie tuë Ma-*
zarin. Ah ieune Prince digne reietton de la tige de S. Louis ! vnique
eſperance de l'illuſtre Maiſon de Condé, pourquoy faut-il que la
foibleſſe de ton aage t'empeſche de nous donner en cette belle occaſion des preuues de la valeur hereditaire des Bourbons !

La reueuë ne fuſt pas ſi-toſt faite dans la Ville, qu'on en fit vne
autre dans le Fauxbourg de ſaint Surin, dans laquelle on compta
plus de 4000. hommes tant des habitans, que des payſans qui
s'y ſont retirez des Villages circonuoiſins, que l'experience des
occaſions dernieres & la vaillance naturelle aux Gaſcons ont tel-
lement aguerris que le moindre d'entr'eux ne cederoit pas au plus
braue des trouppes Mazarines.

Le meſme iour ſur le ſoir arriua vn trompette, lequel ayant eſté
conduit au logis du Preſident d'Affis, luy dit que le ſieur du Coudray Mont-penſier l'auoit enuoyé pour ſçauoir s'il ſeroit receu à
Bordeaux, y venant de la part de ſon Alteſſe Royale. Ce Preſident luy fit reſponſe qu'il aſſemberoit le lendemain la Compagnie, de laquelle il luy feroit ſçauoir la reſolution ; cependant
qu'il l'aſſeuroit par aduance, ſans crainte de deſadueu, qu'il y ſeroit fort bien receu, & en toute aſſeurance.

Le lendemain le Parlement s'eſtant aſſemblé, on finit en peu
de temps la deliberation, parce que s'agiſſant de receuoir les ſen-
timens de ſon Alteſſe Royalle, il n'y en eut aucun qui ne témoi-

gnast grand defir de les sçauoir au pluftoft ; dequoy il fut foudaî
donné aduis à ce trompette, afin qu'il le rapportaft en diligence à
celuy qui l'auoit enuoyé; mais ce drofle s'eftant âmufé à boire dans
vn cabaret, la fumée du vin de Graues luy fit oublier l'importance
de fa commiffion ; de forte que le fieur du Coudray Montpenfier,
ennuyé d'attédre fö retour en dépécha deux l'vn apres l'autre, qu'il
chargea d'vne lettre, dont la fubfcription eftoit, *à Meffieurs*, *Mef-*
fieurs du Parlement de Bordeaux, mais comme l'addreffe de ces lettres
n'eftoit pas conceuë aux termes auec lefquels on efcrit aux Parlemens qu'on traite de *Noffeigneurs*, le Parlement n'eftima pas les
deuoir ouurir, & les fit rendre aux porteurs, auec la mefme répon-
fe qu'il auoit defia faite.

Le Dimanche 21. fur les cinq heures arriua à Bordeaux le fieur
du Coudray Montpenfier, apres y auoir efté attendu trois ou quatre iours ; on auoit enuoyé vne lieuë au deuant de luy le Cheualier
du Guet, & quelques habitans pour luy faire efcorte & ciuilité ; il
fut conduit au logis d'vn Confeiller de la Cour où fon logement
luy eftoit preparé ; il ouyt à l'entrée de la ville, & comme il paffoit
par les ruës, le peuple crier fonuent, *viue le Roy & les Princes, &*
point de Mazarin.

Le lendemain 22. il vint au Palais, & y fut conduit par le fieur
de Maffiot, chez lequel il auoit logé ; on l'obligea de quitter fon
épée auant entrer dans la grand' Chambre, quoy qu'il en fit quelque difficulté; eftant entré il prefenta la lettre de fon Alteffe Royale, expofa fa creance, & mit fur le Bureau vne copie de deux Regiftres du Parlement de Paris, contenant les propofitions faites
par fon Alteffe Royale : fur quoy le Parlement ayant deliberé,
luy fit entendre que puis que le delay de dix iours qu'il auoit pleu
à fon Alteffe Royale accorder eftoit expiré, & que le Parlement
n'auoit pû prendre de deliberation auant fon arriuée, ignorant la
creance qu'il auoit à propofer, qu'il eftoit raifonnable que le delay de dix iouts ne commençaft que du iour auquel le Parlement
auoit fceu les intentions de Monfieur le Duc d'Orleans, par fa
dépefche & par la creance de fon enuoyé; pendant lequel temps
l'affaire eftant de tres grande confequence, elle feroit communiquée à tous les corps de la ville, & à toutes les parties intereffées;
que le Parlement prioit ledit fieur du Coudray Montpenfier de
moyenner ce delay à la Cour, pour l'acceptation ou le refus de
ces propofitions, & que cependant les actes d'hoftilité ceffaffent ;
que le paffage des riuieres fuft ouuert, & le commerce reftably ;
ce que ledit fieur du Coudray Montpenfier ayant luy mefme iugé
raifonnable & aduoüé qu'il falloit du temps pour refoudre cette

affaire, il promit d'y trauailler, & partit l'apresdifnée, promettant de rapporter responfe au lendemain. En fortant du Palais vn Clerc l'obligea par galanterie de crier dans la fale, *viue le Roy & point de Mazarin*, dequoy on dit que ce Gentil-homme demeura vn peu picqué.

Le Mardy 23. comme on eftoit dans l'attente du retour du fieur du Coudray Monpenfier, & qu'vn chacun s'imaginoit de le voir reuenir le caducée de la paix à la main, on fut bien furptis d'entendre que le Marefchal de la Mefleraye [qui dés le iour auparauant auoit fait marcher fes trouppes par l'ordre du Cardinal Mazarin,] paroiffoit fur la crouppe de la montagne de Cenon, à vn quart de lieuë du fort de la Baftide.

Ie vous laiffe la liberté toute entiere de iuger de cette action comme il vous plaira, fi c'eft fe iouër de la foy des peuples; fi c'eft auoir grand refpect pour la parole de Monfieur le Duc d'Orleans; fi c'eft confiderer le Parlement de Paris, qui s'eft rendu depofitaire des paroles & des propofitions de fon Alteffe Royalle; pour moy qui ne fuis qu'vn fimple courrier, qui ne m'attache qu'à l'efcorce, & qui n'ay de connoiffance des affaires qu'autant qu'en peut auoir vn poftillon, ie ne fçaurois appeller cette action qu'vne *Mazarinade*.

On vit donc fur les dix heures du matin l'armée Mazarine defiler le long du Cypreffa (c'eft vne colline couuerte d'vn bois de cyprez) & fe camper fur les cofteaux de Feüillats & de Cenon; planter leurs tentes & leurs pauillons dans l'entrée des pallus de Floirac & de Queries, fur le penchant du tertre, auec quantité de Linceuls (pour faire plus grande monftre) pillez fur des paures paifans tendus en huttes & en cabanes.

A leur abord noftre fentinelle auancée tira, & tua vn caualier, rechargea, en tüa vn autre, ayant de rechef chargé, en bleffa encore vn troifiefme; mais au lieu de fe retirer apres le premier coup il demeura toufiours en mefme lieu, iufques à ce qu'eftant enuelopé de toutes parts, il fut porté par terre d'vn coup de moufquerade: ce braue foldat s'imaginoit d'eftre obligé de fouftenir luy feul l'effort d'vne armée toute entiere. Mais quoy que cette temerité ne foit pas approuuée, on n'a pas laiffé de regretter la perte d'vn fi vaillant homme, & afin que fa dépoüille ne demeuraft pas au pouuoir des ennemis, on s'expofa pour retirer fon corps, qu'on a depuis fait porter à Bordeaux, & témoigné par vne fepulture honorable l'eftime qu'on faifoit de fa valeur.

Nos bourgeois impatiens de voir les ennemis fi proches fans en venir aux mains, firent refoudre au confeil de guerre qu'on les iroit

attaquer

attaquer dans leurs rettanchemens , mais les ayant enuoyez reco-
gnoistre , & trouué qu'ils s'estoient mis en embuscade derriere des
vignes & de grands fossez, & qu'on ne pouuoit aller à eux que par
des defilez & sur des planches ; & d'ailleurs , que la pluye sinue-
nüe auoit rendu cette terre palustre si glissante , qu'à peine y pou-
uoit-on marcher ; on changea de dessein , & nos braues Bourgeois
qui s'estoient offerts à passer la riuiere furent congediez. Ceux qui
estoient preposez à la garde du fort, ayant dressé des embuscades
elles n'eurent aucun effet, les ennemis n'ayans pas ozé sortir de
leurs tanieres.

Le 24. on leur tua dés la pointe du iour la premiere sentinelle
qu'ils poserent ; & pour les esueiller on leur enuoya quatre volées
de canon dans le gros de leurs tentes , dressees, sur le costeau de
Feüillas , ce qui les obligea de changer de demeure , & de porter
ailleurs leurs beaux linceuls blancs qu'ils eussent bien souhaitté
auoir peu changer en des bonnes toilles cirées pour se mettre à
couuert de la pluye , qui les incommoda pendant tout ce iour-là.

La nuict suiuante les paysans de Floyrac forcerent vn corps de
garde , & firent main basse sur tout ce qui s'y trouua.

Le 25. le Cardinal Mazarin qui dés le iour auparauant s'estoit
rendu au camp pour y donner les ordres & entrer en conference
auec le grand Maistre ; apres auoir du cimetiere de Cenon (pleust à
Dieu que c'eust esté le sien) consideré l'assiete de Bordeaux & le
plan du fort de la Bastide, ordonna l'attaque de ce fort ; & pour
cette fin trois cens trauailleurs soustenus par mille hommes choisis
de son armée, furent commandez de donner dans les dehors du
fort ; mais ils y trouuerent vne telle resistance qu'apres estre venus
par deux fois à la charge ils furent contraints de ceder à la valeur
des assiegez , qui les pousserent viuement iusques au pied du tertre , auec perte de plus de quatre vingts des plus vaillans d'entre
eux ; entre lesquels on asseure qu'il s'est trouué vn Lieutenant au
Regiment des Gardes.

Le Grand Maistre voyant que les siens estoient si mal menez fit
sonner la retraite , & la nuict ensuiuant deslogea , comme on dit ,
sans trompette , laissant les morts , les blessez , & les malades dans
les huttes , & par les champs à la mercy des paysans , qui s'estant
rendus le lendemain au camp assommerent ces miserables, taschans
de tirer quelque vengeance sur ces mal heureux de l'horrible de-
gast que les trouppes Mazarines , pires que des demons , ont fait
dans tout le pays circonuoisin.

I'ay horreur de vous dire que d'vn des plus beaux lieux de France , tel qu'estoit autrefois le pays d'entre deux mers , ils en ont fait

vn effroyable desert : il me seroit impossible de vous faire le des-
nombrement des violemens qu'ils y ont commis, des Esglises qu'ils
y ont pillées, des paysans qu'ils y ont massacrez, & de tant de beaux
bastimens qu'ils ont reduit en cendres : la douleur que i'ay d'vne si
horrible brutalité m'etouffe la voix, & m'empelche de continuer
ma relation, vne autrefois i'acheueray le reste.

Huitiesme Course.

I'Auois resolu de me taire, & de ne dire iamais plus mot, i'ay pi-
tié de tant de panures colporteurs qu'on persecute tous les iours,
& qu'on emprisonne auec autant de rigueur que s'ils auoient commis quelque crime contre l'estat, pour auoir crié dans ces rues,
voicy le Courier Bourdelois; i'entends d'ailleurs quelques-fois des cri-
tiques dire que ce courier est bien hardy, qu'il parle de tout le
monde auec trop de liberté, & neantmoins desirant me tenir aussi
esloigné de l'offence, que de la flaterie ie me suis imposé cette loy
de ne fascher personne : ie m'abstiens mesme de dire du mal de Mazarin, quoy que ie n'en sçache que trop. Que dois-ie faire ? à peine
suis-ie arriué, que ie trouue le Bureau de la poste assiegé de plus de
cent personnes, pour sçauoir des nouuelles de Bordeaux ; l'vn me
demande a-t'on pris la Bastide ? Le Faux-bourg de saint Seurin est-
il encores attaqué : l'autre s'enquiert s'il y a eu vn combat naual,
& l'autre me demande auec grand soin des nouuelles de la santé
de son Emminence ; ie suis contraint de satisfaire tous ces curieux,
de leur ouurir ma malle, & leur faire vn recit tres exact de tout
ce qui s'est fait en Gascogne.

Le Cardinal Mazarin, ce grand conquerant, ce preneur de chasteaux & de villes, en partant de la Cour pour venir donner les ordres pour l'attaque du fort de la Bastide, protesta qu'il ne luy falloit que quatre heures de temps pour s'en rendre le maistre, se
voyant perché sur le haut du tertre de Cenon, il s'imagina pouuoir
d'vn seul de ses regards reduire ce petit fort en poudre, c'est pour
cela qu'il prit vne lunette à longue veuë, pour mieux porter son
coup : il ne voulut point se seruir des foudres du grand maistre, il a
bien vne meilleure artillerie, il n'a que faire de ses canons, il est
assuré que s'il trouue vn Theuenin dans vne place, qu'il l'aura
bien tost prise : ce Ministre debonnaire ayme trop le sang humain
pour le vouloir respandre en toute sorte d'occasions, au lieu de

bombes, de canons & de grenades, il a vn Arsenal tout rempli de fourbes, de malice, de trahison & de tromperie.

Mais certes a ce coup sa mine fut euentée, il fut contraint de decamper en diligence (comme vous auez veu par la derniere relation que ie vous en ay faite) & se retirer à Bourg sur la Dordogne, où la Cour est à present, mais aussi incommodée qu'elle estoit à Libourne : en partant le Cardinal laissa la conduite de ses troupes au Mareschal de la Messeraye, lesquelles passerent la Garonne à Cambes & au Tourne, à trois lieuës au dessus de Bordeaux, tandis que le Mareschal aussi chagrin par le mauuais succez des affaires, que pressé par les violentes douleurs de la goutte, s'est fait porter à Cadillac.

En mesme temps que les troupes de ce Mareschal passoient la riuiere, celles que commande le Comte Paluau, qui a succedé au Cheualier de la Valette, s'aduancerent par les Graues prenant la route du Medoc. Le Duc de Boüillon preuoyant le dessein qu'auoit ce Comte de se saisir du Chasteau de Blanquofort appartenant au Marquis de Duras scitué dans vn marais à deux lieuës de Bordeaux, fit sortir de ce Chasteau vne garnison de cinquante hommes, qu'il y auoit laissée, & le fit descouurir pour le rendre inutile.

L'approche des trouppes Mazarines redoubla le courage des Bordelois, ils sentirent leur valeur augmenter, & chacun tesmoigna tant de resolution à se bien deffendre que les Chefs eurent bien de la peine à les retenir, & d'empescher qu'ils n'accourussent plus de deux lieuës au deuant de leurs ennemis : les Dames mesmes des meilleures familles de la Ville, pour prendre part à la gloire des hommes, les garço s & les filles, furent porter la hotte, & remuer la terre pour auancer des nouuelles fortifications qu'on auoit dessinées. Beau sexe pour qui i'ay tant d'amour & de respect, que ne m'est il permis de changer mon employ ? pourquoy ne puis-ie pas pour vn moment de Courier deuenir vn Historien celebre ? certes ie descrirois cette belle action auecque tant d'eloges, qu'elle effaceroit sans doute l'eclat des faits les plus memorables, que l'antiquité nous a racontez des femmes illustres des siecles passez : que ne dirois-ie point de cette incomparable Princesse de Condé ? qui voulut elle-mesme partager ce trauail, se chargeant d'vn panier, qu'elle porta plus d'vne heure durant. Sur la fin de la iournée le Prince de Marsillac, aussi galant parmy les Dames, qu'il est redoutable parmy les Ennemis, pour delasser ces belles trauailleuses leur donna le Bal, & les regala d'vne magnifique colation, qui fut seruie par des Gentils-hom-

mes, qui n'eſtoient pas moins charmez par la beauté de leurs viſa-
ges, que par la grandeur de leur courage & de leur vertu.

Tandis qu'on rit & qu'on paſſe le temps à Bordeaux, on gemit
& on pleure dans l'armée du Cardinal, la diſſenterie, le flux de
ſang & la peſte moiſſonnent tous les iours quantité de ſoldats, qui
pour tout aliment, ont bien ſouuent veſcu de verjus & de pom-
mes ; la diſette de pain y a eſté ſi grande, qu'vn pain de munition a
ſouuent valu trente ſols, qui eſt vn prix exceſſif, & le vin s'eſt
vendu plus de vingt ſols la pinte.

Le ſieur de Rochet-Barirault y eſt mort depuis peu des bleſſeu-
res qu'il receut deuant le Fort de la Baſtide, & plus de cinq cens
autres de peſte & de diuerſes maladies ; mais c'eſt peu en compa-
raiſon de ceux que les payſans aſſomment tous les iours par les
champs, & dans les grands chemins ; particulierement les payſans des villages du Bouſcat & de Caudeyran, leſquels eſtant iſ-
ſus de ces anciens Goths, qui habiterent autrefois l'Aquitaine,
ont conſerué dans la ſuite des generations, la valeur de cette bel-
liqueuſe nation ; ils ont ſouuent deffait des Compagnies de
gens de guerre entieres, mené vendre à Bordeaux les vingt, &
les trente cheuaux à la fois, & donné tant de crainte aux troupes
Mazarines, qu'elles n'oſoient s'eſloigner de leur Camp, ny aller
au fourrage, que trois ou quatre cens en troupe.

Mais les fleaux de la Iuſtice de Dieu ne perſecutent pas ſeulement les troupes Mazarines, elle arme encore les nations Eſtran-
geres contre ceux qui preſument les aller ſecourir. Le ſieur du
Queſne Capitaine de la Marine ayant receu ordre du Cardinal,
porté par l'Abbé Charles, d'eſquiper cinq Nauires dans le Ha-
vre de Grace, & les conduire à Bordeaux pour groſſir la Flotte
de Meautric, fut rencontré en mer par quatre vaiſſeaux Anglois,
leſquels (pour ſe venger de diuerſes priſes faites ſur eux par les
François, & dont il n'ont pû auoir iuſtice en France, parce
que le Cardinal Mazarin a trouué moyen d'applicquer à ſon
profit ce qui leur a eſté volé) attaquerent ſi viuement les vaiſſeaux de du Queſne, qu'apres vn combat opiniaſtré qui dura depuis huict heures du matin iuſques à ſept heures du ſoir quatre de
ces vaiſſeaux furent pris ou coulez à fonds, le cinquieſme ſe ſauua
à Breſt, percé de plus de deux cens coups de canon.

L'Armée de Meautric compoſée de quatre Nauires, & de ſeize
pinaſſes, s'occupe cependant à peſcher des aloſes, trop foible
pour combattre celle des Bordelois, ou pour empeſcher l'arriuée
de celle qui vient à leur ſecours : mais le Cardinal qui n'obmet
rien du deuoir d'vn grand homme de guerre, s'eſt aduiſé de faire

conſtruire

conſtruire dans l'Iſle de Caſau, qui eſt au deuant du Bec d'Ambes, vn Fort qu'il a garny de bonne Artillerie, pour arreſter tout court la Flotte qu'il a eu aduis que Sauuebeuf deuoit mener d'Eſpagne ; & de plus, il a fait empierrer deux grand Nauires appartenans aux Fermiers du Conuoy, qu'il a fait couler à fonds du coſté du Medoc, pour bouſcher le Canal de la riuiere.

La Garonne offencée de cette temerité, vn iour que le Mazarin trauerſoit ſon Canal pour paſſer du coſté de la terre, eſleua ſes flots auecque tant d'orage qu'il faillit à ſe perdre, comme il euſt fait ſans doute, ſans le ſecours des ſiens, qui le ſauuerent du naufrage ; mais deux des moins adroits demeurerent enſeuelis ſous les ondes.

Les ſoins que prend le Cardinal de pouruoir aux choſes neceſſaires de la guerre, ne l'ont pas empeſché de ſonger aux moyens Qu'il medite d'attraper les Bordelois, leur faiſant propoſer des conuentions de Paix ; Pour cet effet le Pere Bruno Recolet à Libourne, a deſia fait diuers voyages de la Cour à Bordeaux, & le ſieur de la Vrilliere en a ſouuent eſcrit au Preſident Pichon : Mais ce n'eſt pas des mains du Mazarin qu'on attend à Bordeaux cette fille du Ciel, la gloire de cet ouurage eſt reſeruée à la bonté de ſon Alteſſe Royale, & à la conduite de ces deux illuſtres Mediateurs deputez du Parlement de Paris, qui s'acheminent en Guyenne auec tant d'affection & tant de diligence.

Neufuieſme Courſe.

VOus eſtes trop raiſonnables pour vous plaindre de moy, & pour m'accuſer d'auoir retardé ſi long-temps la ſatisfaction que vous receuez maintenant de ſçauoir le ſuccez veritable des armes & de la valeur des braues Bordelois, puis que vous n'ignorez pas les obſtacles & les empeſchemens que les Mazarins ont apporté pour trauerſer ma Courſe : Mais dés auſſi-toſt que i'aye eu la liberté des champs, i'ay pris ma Fronde en main, & pouſſant mes cheuaux à toute bride, i'ay fait vne diligence extraordinaire. Ne vous eſtonnez pas de voir vn Courier deuenu Frondeur ; car ſçachez que depuis quelque temps, au lieu d'vn fouet ie ne me ſers que d'vne Fronde ; & ie trouue qu'en la faiſant claquer les cheuaux que ie monte en vont beaucoup plus viſte. Quelques

Singes se sont efforcez de me contrefaire pendant l'interruption de mes Courses, mais ils ont mis au iour des productions si ridicules, & si pleines de fausseté, qu'il n'y a eu personne qui se soit donné la peine de les voir qui n'en ait temoigné du mespris, & qui au contraire n'ait souhaitté auec beaucoup d'impatience l'arriuée de l'inimitable Courier Bordelois, pour sçauoir la verité des choses arriuées pendant le siege de Bordeaux; Il est donc iuste que ie satisfasse à vne si loüable curiosité.

L'Armée du Cardinal Mazarin auoit à peine passé la Garonne, qu'vn impatient desir d'acquerir de la gloire, obligea ce grand Capitaine de se rendre en diligence dans le Camp; Il quitta donc le seiour de la Cour, où il auoit esté retenu, pour receuoir malgré sa modestie les acclamations, & les loüanges qui luy furent données a son retour du siege du Fort de la Bastide. Cet incomparable Ministre, aussi liberal qu'il est grand politique, pour gagner l'affection des Chefs de son armée, & resmoigner sa magnificence, leur distribua des baudriers & des plumes, des gands & des cordons; le reste des bijoux qu'il départit estant à S. Quentin aux Officiers du Colonel Erlac, lors qu'il desseignoit le siege de Cambray. En suitte voulant donner cœur aux Chefs, & aux soldats, les flata, les loüa, & leur fit vne harangue en vn baragouin que ie ne vous sçaurois dire; & pour n'oster pas au grand Maistre l'honneur de l'attaque qu'il auoit ordonnée estre faite au Fauxbourg S. Surin, se retira à vne demie lieuë de là, derriere vne eminence; tandis que le grand Maistre, qui s'estoit fait porter en chaise par quatre Suisses, donnoit en personne les ordres de l'attaque.

Ce fut donc le cinquiesme Septembre, que toute l'Armée Mazarine assaillit ce Fauxbourg (qui est plustost vn Bourg ou vn Village, ouuert de toutes parts, destaché de la Ville, plein de diuers clos, de iardins, & de vignes, qu'vn Fauxbourg de Bordeaux) les sieurs de S. Maigrin, & Marin, tous deux Mareschaux de Camp commandoient cette attaque. Ils s'attacherent d'abord à vne baricade auancée, où les enfans perdus, soustenus du Regiment des Gardes donnerent les premiers, mais ils trouuerent vne telle resistance, qu'ils furent contraints de relâcher par deux diuerses fois: A la fin voyant qu'ils ne la pouuoient forcer, ils entrerent dans ce Fauxbourg par deux maisons qu'ils percerent, à la faueur desquelles ils emporterent la premiere baricade qu'ils auoient attaquée, & en mesme temps vne seconde qu'ils trouuerent sans deffence. Comme ils s'aduançoient dans le milieu du Bourg, ils firent rencontre de cinq cens hommes rangez en bataille, dans la place qui est au deuant de l'Eglise, commandez par le Marquis de Coligni Mareschal de camp, qui firent vne descharge si à propos sur les assaillans qu'il furent contraints de fuir, & de se retirer au delà des baricades qu'ils venoient de gagner.

Le Mareschal de la Messeraye voyant ses gens si mal menez de ce costé-là, fit donner en mesme temps de toutes parts par toute son armée; & s'estant à la fin apres auoir perdu plusieurs des plus braues des siens, rendu maistre des auenues qui sont du costé des champs, fit marcher les trouppes vers la place du Bourg: ce fut en ce lieu que recommança le combat, & où il fust le plus opiniastre; car les Ducs de Bouillon & de la Roche-foucaut suruenus auec deux cens cheuaux, soustenus des Regimens du Parlement & de la Ville, & de quantité de Bourgeois, ralierent toute l'infanterie, & les habitans du fau-bourg, & s'estant ioints ensemble, poussterent si vertement ceux du party contraire le long de la grand' ruë, qu'ils furent contraints d'abandonner la place, apres y auoir perdu plus de mille hommes tant François que Suisses, parmy lesquels il y eust plus de cinquante officiers de tuez tant du Regiment des Gardes, que des Regimens de la Reyne, de la Messeraye & de Guyenne: les sieurs de Choupes, & Marin Mareschaux de camp, Ienlis & Riberpré Capitaines des Gardes, & plusieurs autres Officiers de marque blessez, & quantité faits prisonniers: Du costé de Bordeaux les sieurs de Beauuais, Charbonnieres & Thodias, furent faits prisonniers & menez à Blaye, (d'où quelques iours apres le sieur Beauuais se sauua) & quarante-sept soldats de tuez, & quarante de blessez.

Le Duc de Bouillon qui n'auoit iugé deuoir faire garder & soustenir les baricades de ce faux-bourg, que pour y faire perir vne partie des ennemis, & non pas à dessein de le garder (ce qui eust esté absolument impossible, attendu sa situation) pour oster aux ennemis le moyen de se preualoir des logemens, persuada aux habitans d'y mettre, comme ils firent eux-mesmes le feu, & en suitte fit sa retraite dans la ville; l'attaque & les combats faits à ce faux-bourg durerent depuis les cinq heures du matin, iusques apres midy.

Le lendemain sixiesme, les assiegeans s'employerent à faire enterrer leurs morts, à dresser leurs logemens parmy les ruines & les maisons de ce faux-bourg bruslé, tandis que les habitans de Bordeaux dressoient leurs batteries sur le bastion de la porte Dijaux, sur celuy de la porte sainct Germain, & à costé de la porte Dauphine.

Le septiesme le Grand Maistre fit dresser deux batteries, l'vne dans le chemin qui va de l'Eglife de la Chartreufe à la ville, & l'autre au bout de la grand' rüe du faux-bourg S. Seurin, prés la croix appellée de l'efpine pour donner dans la porte Dauphine, mais ce fuft fans effect, car cefte porte fuft tout auffi-toft garnie de terre & de fumier : de forte qu'apres vne trentaine de vollées de canon tirées en l'air par deffus les toits des maifons, on ceffa de tirer.

Le huictiefme l'autre batterie commença à ioüer, elle abatit le parapel de la muraille qui eft depuis la porte Dijaux iufques à vne tour appellée la tour du trompette : pour le refte de la muraille depuis le pied du foffé iufques au haut de la terraffe, les boulets ne firent que blanchir, on ne ceffa pourtant pas de tirer fans relafche à balle perduë dans la ville, fur les maifons, & par dedans les rües, mais tout ce tintamare au lieu de caufer de l'eftonnnement & de l'efpouuante dans la ville, comme les affiegeans fe l'imaginoient, faifoit au contraire que les habitans venoient à méprifer de fi foibles attaques.

La nuit fuiuante enuiron cent Bourgeois conduits par dix ou douze officiers de l'armée du Duc d'Anguyen, fortirét par la poterne de l'Archeuefché, & allerent bien auant dans les allées de l'Archeuefque (qui font au dehors de la ville) iufques à vne barricade que le Marefchal de la Mefferaye auoit fait faire dans la plus grande de ces allées : apres auoir donné viuement & emporté cefte barricade, ceux qui gardoient vne demy-lune qui eft au deuant la porte Dijaux fans fçauoir rien de cefte attaque, tirerent fur les leurs, ce qui caufa de la furprife, & obligea les attaquans de fe retirer apres auoir tué fix ou fept des ennemis & donné l'alarme à tous les autres qui eftoient poftez en ce lieu.

Le neufiefme ceux du party contraire pendant tout le iour ne battirent que la tour du trompette qui fuft endommagée en beaucoup de lieux, mais elle fuft incontinent remplie de terre, dequoy les affiegeans ayant eu aduis (comme on a fçeu depuis) par ce traiftre Italien eftably depuis longues années à Bordeaux, cefferent de tirer contre cefte tour là.

Le mefme iour le Regiment du Parlement commandé par le Marquis de Cugnac, fit vne fortie par la porte Dijaux, fur les baricades du retranchement fait par les affiegeans à la Croix de l'efpine, & en mefme temps la bourgeoifie fortit par la porte S. Germain pour donner fur les baricades du cofté du Palais Gallienne : dans l'vne & dans l'autre de ces forties, les affiegeans reçeurent vne notable perte, fans qu'il y euft du cofté des affiegez que deux habitans de tuez, & deux officiers de la maifon de Madame la Princeffe, & cinq ou fix foldats du Regiment du Parlement.

Le lendemain vn Trompette ayant esté enuoyé par Madame la Princesse au Mareschal de la Mesleraye, pour luy demander la permission d'enleuer les corps de ces deux Officiers, il luy respondit assez brusquement en ces termes. *Il se sert bien de les demander de cette part, car autrement ie t'aurois fait foüetter : adieu.*

Ce mesme iour les Ducs de Boüillon & de la Rochefoucaut, accompagnez de plusieurs Gentils-hommes, & de quantité de Bourgeois, firent vne sortie par la porte Dauphine, vers les retranchemens de la Croix de l'Espine, lesquels ils forcerent nonobstant la resistance de ceux qui les soustenoient, & s'en estans rendus maistres, mirent le feu aux bariques auec des fascines & des sermans engouldronnez. Ce fut en cette importante occasion que le sieur la Motte-Guyonnet se signala, comme il a fait en beaucoup d'autres. Le bruit de leur descharge & le feu des baricades donna l'alarme à toute l'armée, qui fut tout aussi tost commandée pour repousser les assiegez, lesquels se retirerent en fort bel ordre, & se mirent à couuert derriere vne demi-lune qu'on auoit fait quelques iours deuant le siege, pour fortifier la porte Dijaux, où à peyne se furent-ils rengez qu'ils se virent rudement assaillis par ceux du party contraire, qui firent tous leurs efforts pour emporter cette demi-lune ; mais la valeur des assiegez fut si extraordinaire, qu'ils contraignirent par deux fois les assiegeans de se retirer, laissans plus de deux cens des leurs de tuez sur la place & plusieurs prisonniers, entre lesquels furent pris quatre Officiers du Regiment de Guienne.

La nuict suiuante les assiegeans pour reparer la perte qu'ils auoient faite le iour precedent en l'attaque de cette demi-lune, reuindrent l'attaquer : Le Comte Paluau y estoit en personne (mais vn peu à l'escart). On n'a iamais veu vn combat si opiniastré, tout estoit en feu, il sembloit que le iour eut chassé les tenebres, tant cette nuit parut esclairée tandis que dura le combat: par trois fois les assiegeans reuinrent à l'assaut, & par trois fois ils furent repoussez, à la fin ils furent forcez de cedder à la valeur de la plus belliqueuse nation du monde, & de se retirer apres auoir perdu plus de cinq cens de leurs meilleurs soldats : parmy lesquels il y eut plus de cinquante officiers des deux Regimens de Nauailles, le grand & le petit de tuez & grand nombre des autres ; de sorte qu'on ne pouuoit faire vn pas sans marcher sur des corps morts, qu'on permit aux assiegeans d'enleuer & de les enterrer le lendemain, pour euiter la mauuaise odeur qu'ils eussent peu causer, le Mareschal de la Mesleraye en ayant enuoyé demander la permission, par vn Trompette qu'on receut à Bordeaux auec plus

de courtoisie, que le Mareschal n'auoit fait celuy que Madame
la Princesse luy auoit enuoyé quelques iours auparauant.
Le vnziesme le sieur de Guyonnet Conseiller & depute du Parlement de Bordeaux, qui a donné en plusieurs occasions des preuues de son courage & de son affection au bien de sa patrie, arriua
à Bourdeaux venant de Paris, d'où il estoit party le huictiesme
Septembre, pour satisfaire au desir de son Altesse Royalle, & aux
sentimens du Parlement de Paris; estant allé saluer le mesme iour
Madame la Princesse, elle desira estre informée de ce qui s'estoit
passé és deliberations tenuës au Parlement de Paris, sur le sujet
des affaires du temps. Ce Depute luy en ayant fait vn exact recit,
& en suitte apris, que quoy qu'il se fust trouué soixante & dix voix
pour accorder la deliurance de Monsieur le Prince : neantmoins
qu'il auoit passé par vn aduis contraire, suiuy de cent dix opinions
de differer encore à deliberer sur la liberté de cét illustre Captif.
Le Cœur de cette adorable Princesse, qui a demeuré plus ferme
qu'vn rocher parmy tant de tempestes; qui a braué l'effort des
plus rudes assauts qui luy ont esté liurez par la haine implacable
d'vn Ministre cruel, qui a veu sans pâslir vne armée puissante l'assieger dans Bordeaux & par mer & par terre, s'amolir au souuenir
des fers de ce grand Prince; l'amour que ce beau cœur conserue
pour le premier Heros du monde, le fit resoudre en pleurs, &
distiller par ses aymables yeux vne douce rosée. Beaux esprits de
ce temps, chers nourrissons des muses! c'est à vous à traitter vn
si diuin sujet, pour moy qui cours tousiours ie n'ay pas le loisir de
m'arrester sur tant de belles choses.
Le douziesme, le Mareschal de la Messeraye voyant que la baterie dressée dans le chemin de la Chartreuse luy auoit mal reüssi,
& que bien qu'il eust fait incessament tirer pendant cinq iours entiers, il n'auoit fait qu'abattre quelque parapel, & rompu le toict
de quelques maisons voisines des murailles, s'aduisa de la changer, & de la faire porter dans la basse-court de la Burriere (c'est
ainsi qu'on appelle la grange de l'Archeuesché) d'où il fit battre
la muraille de la ville, qui sert de closture au iardin de l'Archeuesque & vne tour ioignante, qui est des dependances du Chasteau du Ha, appellée la Tour des Sorciers, qui veritablement
parut charmée aux foudres du grand Maistre qui n'en peut arracher vn seul quartier de pierre.
Le treize, quatorze & quinziesme, les assiegeans continuerent
tousiours leurs baterie, principalement vers la muraille du iardin
de l'Archeuesché, où elle ne peut iamais faire bréche à passer vn
chat: il est vray que c'est sans contredit l'endroit de la ville le

plus foible ; mais pourtant les affiegeans n'oferent fe prefenter pour
venir aux mains, de crainte d'vn auffi mauuais fuccez que celuy
qu'ils eurent dans l'attaque de la demy-lune, & d'ailleurs les affiegez auroient fait faire vn grand retranchement dans le iardin, &
& plufieurs baricades pour en deffendre l'aduenuë.

Cependant tous les iours les Bordelois pour exercer leur valeur
fe diuertiffoient à faire des forties fur les affiegeans ; qu'ils alloient
efgorger iufques dans leurs tranchées, & les pouffoient bien fouuét
au milieu de leur camp, animez par la veuë des plus belles Dames
de la ville, qui de fur les rempars regardoient leurs amans s'expofer hardiment aux plus grands perils pour la deffenfe de leur patrie.
Le fieur Vigier fils d'vn Confeiller de la Chambre de l'Edict, &
le fieur de la Chapelle Biron, braue Gentil-homme, finirent glo-
rieufement leurs iours dans vne pareille occafion.

Ces genereufes Amazones ne bougeoient nuict & iour de deffus
les murailles, elles paffoient leur temps tantoft à faire de nouueaux
complimens à ceux du party contraire, les appellans *traiftres Mazarins, infames pernoniftes ;* tantoft elles leur enuoyoient des faueurs,
leur lançans des grenades, des pots, des cercles enflammez, &
mille feux d'artifice, auec lefquels ces belles Heroïnes fe plaifoient
de confommer ces miferables ; referuans tous les feux de leurs
chaftes amours pour leurs fidels amans, & pour leurs chers maris,
qu'elles embraffoient auec tant de tendreffe, lors qu'ils reuenoient
du combat glorieux, & tous couuerts de fang des ennemis, qu'ils
auoient immolé aux yeux de leurs diuines Reynes.

Ie ne puis vous taire vne action des plus remarquables qui fe
paffa durant le temps du fiege, plufieurs petits garçons de l'aage de
treize à quatorze ans, firent vn iour inftance aux Iurats de Bordeaux de fouffrir qu'ils allaffent de deffus les remparts defcharger
leurs frondes fur les affiegeans : C'eftoit en apparence expofer ces
ieunes innocens ; mais leur importunité l'emporta par deffus cefte
confideration ; on ne pût leur refufer ce qu'ils demandoient auec
tant d'obftination & de fi bonne grace : ils monterent fur le baftion
de la porte Dijaux, & s'eftans mis de rang firent tous à la fois claquer en mefme temps leurs frondes, & pleuuoir en vn inftant fur
les ennemis vne grefle de coups. Chofe eftrange ! à la veuë de
ces petits frondeurs, l'efpouuante faifit les affiegeans, vne terreur
panique leur fift quitter leurs poftes & fuir en defordre dans leurs
retranchemens pour fe mettre à couuert. *Tant il eft vray que les Mazarins apprehendent la fronde.*

C'eft maintenant que ie fouhaitterois d'eftre auffi bon orateur,
que ie me picque d'eftre bon courier, pour donner des éloges à la

valeur & au merite de tant d'illuſtres Chefs , de tant de vaillans
Capitaines , de tant de genereux ſoldats , & de braues Bourgeois
qui ſe ſont ſignalez dans les occaſions d'vn ſiege ſi fameux. Certai-
nément la grandeur du courage des habitans de Bordeaux ne ſe peut
exprimer , ny les meſpris qu'ils ont fait des forces de leurs aduer-
ſaires n'eſt pas imaginable: Ils ont plus de cent fois requis les Ducs
de Boüillon & de la Roche-foucault de faire ouurir les portes aux
aſſiegeans pour auoir le plaiſir de les bien receuoir , & les pouuoir
combattre; Et le Duc de Boüillon voyant l'ardeur des ſiens, a eu
cent fois enuie d'enuoyer dire au Mareſchal de la Meſleraye qui ſe
tuoit à faire vn meſchant trou auec tant de peine qu'il luy feroit
abatre cinquante toiſes de muraille, & aplanir la breſche, pourueu qu'il l'aſſeuraſt d'enuoyer bien toſt apres ſes trouppes à l'aſ-
ſaut.

Durant le ſiege , les portes de la ville du coſté du port & des autres endroits , demeurerent touſiours ouuertes, chacun ayant la liberté d'entrer & de ſortir, comme dans le temps d'vne profonde
paix; ce qui pourtant ne laiſſoit pas de nuire aux affaires de la ville,
car ceſte facilité fourniſſoit l'enuoy des lettres que les traiſtres qui
eſtoient dans la ville eſcriuoient aux ennemis; les boutiques ne furent iamais fermées, & les artiſans manioyent leurs armes d'vne
main , & leurs outils de l'autre : les viures les plus exquis , les vins
les plus delicieux, les fruits & le gibier s'y trouuoient en abondance , & ie puis vous iurer que les violons ont eu bien ſouuent de
meilleures pratiques pendant de ſiege , qu'ils n'ont eu autres fois
durant le temps du Careſme-prenant. En vn mot , tous les habitans ont fait paroiſtre tant de reſolution & de ioye pendant tout le
ſiege, qu'il ſembloit qu'ils euſſent du regret de le voir ſi toſt finy.
Mais il eſt temps que ie finiſſe, auſſi ie ſuis preſſé de partir , ma ma-
le eſt toute preſte, & ie crains arriuant au Buteau de la poſte d'eſtre
blaſmé de ce retardement.

Mais ſi faut-il pourtant deuant que ie finiſſe que ie vous entre-
tienne des peines & des fatigues auſquelles s'eſt expoſé pendant
tout le ſiege le grand Iulles Mazarin, il ſemble qu'il ſe ſoit reſerué
tout entier pour les trauaux de la guerre, n'ayant rien voulu contri-
buer aux moyens de faire la paix, non pas meſmes ſe trouuer aux
Conferences. Cét eſprit ſi grand & ſi ſublime alloit & venoit in-
ceſſament (comme vn Poſtillon, dont il ne ſçauoit oublier le meſ-
tier) de la Cour à l'armée, & de l'armée à Bourg pour donner les
ordres neceſſaires : ſa preuoyance admirable luy fit prendre le ſoin
de pouruoir ſon armée de pain de munition, il voulut bien luy
meſme ſe donner la peyne de faire paiſtrir en ſa preſence, & mar-
chandé

chander le bled, pour empefcher les griuelées des munitionnai-
res. Vn iour que ce grand homme auoit paffé toute la matinée à
voir blutter de la farine fans fonger qu'il en eftoit couuert, eftant
preffé de fe trouuer dans le Confeil de Guerre, fe rendit en cet
eftat dans le camp : les foldats qui le virent venir plus blanc qu'vn
boulanger, fe mirent à crier, *Ah voila Mazarin deuenu Iean-farine!*
  I'acheue en vous difant que les Deputez du Parlement de Paris & ceux du Parlement de Bordeaux, arriuerent de la Cour à Bordeaux, & firent publier fort à propos pour les affiegeans (qui
auoient defia perdu plus de trois mille hommes des leurs) vne fuf-
pention d'armes pour fix iours, & donner les oftages neceffaires
de part & d'autre pour l'entretien de cette Treue, fuiuant ce qui
auoit efté arrefté dans la Conference tenue à Bourg : laquelle
à la fin nous a produit la Paix, qu'on efpere eftre de plus longue
durée, plus ferme & plus ftable que n'ont efté les precedentes
qu'on nous a cy-deuant accordées, puis que la caufe des maux
de la Prouince, & l'objet de la haine des peuples, demeure pour
iamais efloigné du fejour de la Guienne.

Dixiefme Source.

IL y a defia long-temps que ie ne vous entretiens que de combats, que de fang, que de meurtre : mais maintenant au lieu
des horreurs de la guerre, ie ne vous parleray que des douceurs
de la Paix : car auant que de partir i'ay mis mes armes au croc,
mon moufquet & ma pique, & au lieu de ma Fronde, i'ay le long
du chemin porté toufiours en main vne branche d'Oliue.
  Les fieurs de l'Artige & Bitaut, Confeillers & Deputez du
Parlement de Paris pour moyenner la Paix de Bordeaux, fuiuant
les propofitions de fon Alteffe Royale, & les Regiftres de cet
Auguste Senat, arriuerent à Bourg le 13 Septembre, auquel iour
les Deputez du Parlement & de la ville de Bordeaux s'y rendirent
auffi : ces Deputez eftoient, le Prefident la Treue, les fieurs
Poumiers-François, Blanc-Mauuaifin, d'Efpagnet, & Maran,
Confeillers de la Cour, Blanc Procureur Scindic, Dalon Aduocat,
& Fouques Citoyen : Les premiers foins & des vns & des autres,
furent d'aller rendre au Roy & à la Reyne leurs tres-humbles de-
uoirs, & les affeurer de leur obeiffance.
  Le lendemain la Reyne ayant ordonné vne Conference, fa

Majesté nomma pour Commiſſaires le Mareſchal de Villeroy, le Comte Seruient, les ſieurs de la Vrilliere, de Brienne, & Guenegaud Secretaires d'Eſtat, leſquels s'eſtant aſſemblez auec les deux Deputez de Paris & ceux du Parlement & de la ville de Bordeaux en preſence du ſieur du Coudray-Monpenſier : apres pluſieurs propoſitions : Il fut arreſté de commancer le traité de la Paix par vne Tréue de ſix iours, à compter du Samedy 17. Septembre ſix heures du matin, iuſques au 23. enſuiuant à pareille heure, & que pour faire publier cette Tréue en diligence, les Sieurs l'Arrige & Bitaut, auec vne partie des Deputez du Parlement ſe rendroient au pluſtoſt à Bordeaux.

Ils s'embarquerent le 16. Septembre, enuiron deux heures apres midy & arriuerent à Bordeaux qu'il eſtoit deſia nuit : ces deux Illuſtres Mediateurs y furent receus auec tout le reſpect deu à leur merite, & à cette grande & Auguſte Compagnie dont ils auoient l'honneur d'eſtre les Deputez.

Le lendemain des la pointe du iour, les deux Mediateurs ſe rendirent à la porte Dijaux, où ayant trouué les Bourgeois ſous les armes, & tous preſts de venir aux mains auec les Mazarins ; ils firent entendre aux Chefs qui les commandoient, la ceſſation de tous actes d'hoſtilité qui auoit eſté accordée le iour precedent en la Conference tenuë à Bourg : & en ſuitte ayant paſſé la porte, ils s'aduancerent à la premiere barricade des aſſiegeans, où le ſieur de Mombas qui y commandoit les ayant ſalués, enuoya donner aduis au Mareſchal de la Meſſeraye de leur arriuée, & en meſme temps la Tréue fut publiée pour ſix iours dans l'vn & dans l'autre Camp.

Le Mareſchal de la Meſſeraye, le Comte Paluau, le Marquis de Roquelaure, Marin & pluſieurs autres furent au deuant d'eux : & le Duc de la Rochefoucaut auec pluſieurs Seigneurs des troupes de Bordeaux paſſerent dans le camp des aſſiegeans, & ſe rendirent les vns aux autres milles ciuilitez.

Apres cette entreueuë, les ſieurs de l'Arrige & Bitaut reüindrent dans la ville, ils furent offrir leur ſeruice à Madame la Princeſſe & au Duc d'Enguien, ils virent auſſi le Dnc de Boüillon qui eſtoit ce iour là vn peu indiſpoſé : l'appreſdinée le Parlement s'eſtant aſſemblé, ils furent priez de venir au Palais, ce qu'ils firent, & apres auoir fait le recit de leur deputation & teſmoigné l'affection que le Parlement de Paris auoit touſiours conſerué pour le repos de la Prouince, il fuſt arreſté que ceux des Deputez du Parlement qui les auoient accompagnés, retourneroient auec eux à Bourg pour y trauailler à l'accommodement.

Le 18. ils partirent de Bordeaux, & se rendirent à Bourg, le vent
& la marée leur ayant esté fauorables, à huict heures du matin, ils
y estoient attendus auec beaucoup d'impatience, ils furent à l'instant conduits chez la Reyne, à laquelle ils rendirent compte auec
exactitude de leur negotiation : Les iours suiuans, il fut tenu diuerses seances (ausquelles le Cardinal Mazarin n'assista du tout point)
& la treue s'en allant expirer, il fut resolu de la renouueler encore
pour trois iours.

Enfin apres diuerses conferences, il fust arresté qu'on execute-
roit les ordres donnez par Monsieur le Duc d'Orleans, & que suiuant ses propositions on dresseroit des articles ; lesquels estans
dressez, les deux Mediateurs & tous les Deputez, auec l'enuoyé
de son Altesse Royale, se rendirent à Bordeaux, pour donner connoissance au Parlement & à la Ville, de ce qui auoit esté arresté ;
Sur quoy les Chambres s'estant assemblées, où se trouuerent les
deux Mediateurs, & le sieur de Coudray-Montpensier ; Le Parlement pour marquer combien il est reconnoissant des faueurs de
son Altesse Royale, & de la meditation de cét Auguste Senat de
Paris, accepta ces articles, lesquels furent pareillement acceptez
dans vne assemblée tenuë le lendemain dans l'Hostel de Villle
pour le mesme sujet ; Apres quoy les deux Mediateurs, auec les Deputez & l'Enuoyé de son Altesse Royale, retournerent à Bourg
faire dresser vne Declaration ; ce qui ayant esté fait ils reuindrent
pour la troisiesme fois auec la Declaration à la main, sans estre
pourtant signée, pour la communiquer au Parlement, qui s'estant
assemblé le 19. Septembre, l'agrea de la sorte qu'elle auoit esté
dressée à Bourg, en y faisant reformer quelque chose concernant
l'interest de Madame la Princesse.

Il falut donc encore que ces Messieurs retournassent à Bourg,
pour mettre la derniere main à la Declaration, laquelle fust à la
fin scellée, mais ce fust auec le petit Sceau, Monsieur le Garde
Sceaux n'estant pas à la Cour.

En suite la bien-seance obligeant les Deputez de tesmoigner au
Roy & à la Reyne, la reconnoissance qu'ils auoient de la Paix que
leurs Majestez venoient d'accorder à la Guienne. Le President la
Trene leur fist vn beau discours, qui fust trouué aussi iudicieux
qu'il estoit eloquent ; mais le Procureur Syndic se voulant faire de
feste, fist vn coup de ieune homme, car en recitant vne Harangue
à la Reyne, il apostropha le Cardinal, dont toute l'assemblée
murmura.

Le premier d'Octobre à neuf heures du soir, les Mediateurs, &
tous les Deputez reuindrent à Bordeaux, où le lendemain, quoy

qu'il fuſt vn Dimanche, le Parlement s'aſſembla pour faire publier la Declaration en la forme ordinaire.

Apres quoy cette Auguſte Compagnie ſortant du Palais, alla en robbes rouges faire chanter vn *Te-Deum*, dans l'Egliſe S. André, & rendre graces à Dieu pour le bien de la Paix.

Ie veux icy vous faire part d'vn Extrait de la Decla-
ration, des Propoſitions de ſon Alteſſe Royale, & de
l'Arreſt que donna le Parlement de Bordeaux, lors
qu'il les enregiſtra.

LOVIS par la grace de Dieu Roy de France & de Nauarre, A tous ceux qui ces preſentes Lettres verront, Salut. L'expe-rience a fait voir depuis quelque temps, que rien n'a donné tant d'audace à nos Ennemis, pour leur faire refuſer vne Paix raiſon-nable, que nous leur auons fait offrir, & qu'ils euſſent enfin eſté contraints d'accepter, que les troubles, qui ont eſté excitez en quelques endroits de noſtre Royaume. Il n'y a point de doute qu'ils n'en ayent eſté les ſecrets & principaux Autheurs, par le moyen de leurs Emiſſaires & Partiſans, & par les impoſtures & fauſſes impreſſions, dont ils ont taſché ſans ceſſe de remplir les eſprits de nos peuples, pour les partager en diuerſes factions, & les animer les vns contre les autres. De noſtre part nous n'auons rien obmis de tout ce qui a eſté en noſtre pouuoir, pour preuenir vn ſi dangereux mal auant ſa naiſſance, & pour le faire ceſſer promptement au lieu où il a parû. Chacun a pû connoiſtre auſſi, que tandis que nous auons pû conſeruer nos forces toutes vnies, pour agir au dehors, & que nous n'auons point eſté obligez d'em-ployer vne partie pour appaiſer les mouuemens du dedans; Dieu nous a fait la grace auec l'aſſiſtance de noſtre genereuſe Nobleſſe, & de nos autres fideles ſubiets & ſeruiteurs, qui ſont employez dans nos Armées, de ſouſtenir glorieuſement & auec aduantage les droits de noſtre Couronne, & l'honneur de la Nation qu'il a ſoûmiſe à noſtre obeïſſance, contre toutes les puiſſances Eſtran-geres: On a veu toutes les années le ſiege de la guerre eſtably dans le pays de ceux qui n'ont pas voulu ſe porter à la raiſon, & nos Eſtats ayans eſté garantis de toute ſorte d'inuaſions, ont eſté pres-que les ſeuls de l'Europe, pendant le cours des hoſtilitez dont elle

eſt

est agitée, qui ont jouy d'vne espece de calme au milieu de l'orage public. Mais depuis que l'artifice de nos Ennemis est deuenu
assez heureux pour seduire & attirer dans le Party quelques-vns
de nos subjets, qui non contens d'auoir trauaillé par diuerses pratiques à allumer le feu de la reuolte en plusieurs Prouinces de nostre Royaume, se sont rendus eux-mesmes les conducteurs de nos
plus obstinez ennemis, pour leur faciliter les moyens de rauager
nos Frontieres, & d'y faire des progrez. Nous auons veu auec vn
extreme desplaisir les Espagnols, enflez par l'esperance de profi-
ter des desordres qu'il croyoit auoir excitez dans nostre Estat, non
seulement reietter les conditions de paix qu'ils auoient cy-deuant
eux-mesmes proposées ou accordées, mais ne faire pas scrupule
de rompre toute sorte d'assemblées & de negociations pour la
traitter & la conclurre. Cette consideration nous a conuiez de redoubler nos soins pour calmer promptement tous les troubles de
nostre Royaume, afin de paruenir plus facilement aux moyens de
calmer aussi tous ceux de la Chrestienté : ç'a esté pour en venir à
bout, que pendant les rigueurs de l'Hyuer nous auons entrepris
les voyages de Normandie & de Bourgogne afin d'affermir par nostre presence le repos de nos peuples dans ces deux Prouinces, &
empescher l'effet des menées & cabales, qu'on y auoit faites pour
les ietter dans la desobeïssance. Nous n'auons pas eu peine en ces
occasions de nous resoudre à preferer les voyes de la douceur & du
pardon à celles des armes ou de la Iustice, lors que nous auons
fait reflexion que le sang qui eust esté respandu d'vne façon ou
d'autre, estoit celuy de nos subjets, que nous auons interest & intention de conseruer comme le nostre, n'ayans pas moins d'amour
& de tendresse pour eux que s'ils estoient nos propres enfans. Lors
qu'ils se sont esloignez de leur deuoir, nous nous sommes con-
tentez de les y ramener par des effets de bonté, en leur faisant seulement connoistre que nous estions en estat de les y contraindre
par ceux de nostre puissance, lesquels nous nous sommes reseruez
de faire sentir à nos Ennemis, apres auoir consideré qu'on ne peut
gagner des victoires sur des sujets, sans perdre beaucoup. Autant
de fois que les nostre ce sont mis en chemin de se ruiner par quelque entreprise faite contre nostre authorité, nous auons mieux ay-
mé nous vaincre nous-mesmes pour les sauuer, que de tirer raison
par la force des offenses qu'ils nous auoient faite : dés qu'ils nous
ont tesmoigné vn veritable repentir de leurs fautes, nous les auons
de bon cœur oubliées, pour peu que nous ayons pû auoir d'asseurance qu'ils n'y retomberoient plus, & que la grace qu'ils rece-
uoient de nous, ne seroit point preiudiciable au reste de nostre

Eſtat. Les mouuemens ſuruenus en noſtre Ville de Bordeaux pendant les deux dernieres années, nous ont donné lieu de faire eſclater en faueur des habitans de ladite Ville, l'affeƈtion paternelle que nous auons pour tous nos ſubjets ; Apres auoir deſia appaiſé ceux de l'année 1649. par noſtre Declaration & articles du 26. Decembre dernier, regiſtrée le 6. Ianuier 1650. nous auons encore reſolu de faire ceſſer auec la meſme bonté, ceux de l'année preſente, en eſteignant & aſſoupiſſant la memoire de tout ce qui peut auoir eſté fait ou entrepris depuis le iour de ladite Declaration iuſques à preſent. A ces cauſes, apres que noſtre Cour de Parlement, & les Habitans de noſtre Ville de Bordeaux, nous ont rendu toutes les ſoûmiſſions & obeyſſances que nous auons deſiré d'eux, auec les aſſeurances de leur fidelité à noſtre ſeruice : De l'aduis de la Reyne Regente noſtre tres-honorée Dame & Mere, de noſtre tres-cher & tres-amé Oncle le Duc d'Orleans, de pluſieurs Princes, Ducs & Pairs, Officiers de noſtre Couronne, & autres grands & notables perſonnages de noſtre Conſeil, de noſtre certaine ſcience, pleine puiſſance & authorité Royale, nous auons dit & declaré, diſons & declarons par ces preſentes ſignées de noſtre main, voulons & nous plaiſt, qu'Amniſtie generale ſoit accordée, comme nous l'accordons dés à preſent, à tous les Habitans de noſtredite Ville de Bordeaux, de quelque qualité & condition qu'ils ſoient ; comme auſſi à noſtre Couſin le Duc & Mareſchal de la Force, les Marquis de la Force, de Caſtelmoron, & de Cugnac ſes enfans, de tout ce qui a eſté fait, entrepris ou negocié depuis noſtredite Declaration du 26. Decembre dernier, ſoit qu'ils ayent fait ligues, vnions, aſſociations, leuées ou entoôllemens de gens de guerre, ſans nos Commiſſions, priſes de deniers publics ou particuliers, ordonné des impoſitions ſans noſtre permiſſion, fait des fortifications nouuelles, occupé des Places, Chaſteaux ou Paſſages, & generalement pour tout ce qui a eſté fait & commis à l'occaſion deſdits mouuemens : En ſuite dequoy nous voulons & entendons que tous les deſſuſdits, de quelque qualité & condition qu'ils ſoient, ſans nul reſeruer ou excepter, ſoient conſeruez en tous leurs biens, priuileges, honneurs, dignitez, preeminences, prerogatiues, Charges, Offices & Benefices, en tel & pareil eſtat qu'ils eſtoient auant ladite priſe d'armes, nonobſtant toutes Declarations, Lettres de cachet, Arreſts ou Iugemens publiez ou donnez au contraire, leſquels demeureront nuls & de nul effet.

En conſequence de ladite Amniſtie, noſtre Couſine la Princeſſe de Condé pourra ſe retirer auec noſtre Couſin le Duc d'Anguyen

son fils, auec leurs trains composez de leurs Officiers domestiques, & de ceux de nostre Cousin le Prince de Condé, en l'vne
de ses Maisons d'Anjou, où elle pourra demeurer en toute liberté
& seureté, iouïr de tous ses biens & reuenus, ensemble de ceux
de nostre Cousin le Prince de Condé son mary, par les mains de
ceux qu'il y ont esté par luy cy-deuant conmis & agreez par nous,
& main leuée des meubles & immeubles si aucuns ont esté par
nous saisis, à condition de demeurer cy-apres dans la fidelité &
obeïssance qu'ils nous doiuent, & de renoncer à toutes vnions,
ligues, associatiõs & pratiques où ils pourroient estre cy-deuant entrez tant dedans que dehors nostre Royaume, dont nostre
Cousine donnera sa Declaration par escrit: En suite dequoy elle
fournira les ordres necessaires, pour faire cesser à l'aduenir tous les
actes d'hostilitez qui s'exercent sous son nom, & de celuy de nostre dit Cousin son fils, dans leurs terres ou ailleurs, en la Prouince de Berry, Vicomté de Turenne, & autres Prouinces de
çà Loire, & pour faire retirer les garnisons qu'ils ont establies
en diuerses places ou Chasteaux qui ont esté occupez, lesquels
seront remis en nostre disposition, pour estre ordonné touchant
la garde & conseruation d'iceux, ce que nous iugerons à propos
pour nostre seruice, & pour asseurer le bien de nos subjets, si
mieux elle n'ayme d'aller à Montron, à condition de reduire la
Garnison à deux cens hommes de pied, & à quatre Gardes à
cheual, qui seront entretenus à nos despens, sur la recepte generale de Berry, en donnant les seuretez necessaires: Que ladite
Garnison ny lesdites Gardes ne feront aucun acte d'hostilité,
Moyennant quoy ceux qui sont dans le chasteau de Mouron, &
dans les autres Chasteaux de Berry & Bourbonnois, apparteñans
à nostredit Cousin le Prince de Condé, & autres occupez par ses
ordres, en les remettant dans le mesme estat qu'ils estoient auant
les mouuemens, iouïront de l'Amnistie generale, & seront remis
en leur biens, dignitez & charges, en faisant par eux les mesmes
Declarations que dessus: Et en consequence tous prisonniers de
guerre seront rendus de part & d'autre, & les cheuaux batupez
par les armes appartenans à nostredit Cousin le Prince de Condé,
& Cousine sa femme, seront pareillement remis au mesme estat
qu'ils estoient pour se faire necessaires pour leurere.

  Les Ducs de Bouillon & de la Rochefoucaut, les Marquis de
Sauebœuf, de Silery, & de Lusignan, Mazerolle, Baretz, Es-
get, la Meuhe de Bars, la Borde, & autres seigneurs, & com-
pris hommes, Officiers, Soldats, & Habitans de nostredit Ville
de Bordeaux de quelque condition & qualité qu'ils soient, sans

aucun excepté, qui ont pris ou porté les Armes pour ladite Ville, pris part ausdits mouuemens, mesmes ceux qui ont esté cy-deuant à Bellegarde, traitté ou negocié auec les Espagnols ou autres étrangers, fait ligues, vnions ou associations, tant dedans que dehors nostre Royaume, ou en connoissance ou participation desdits traitez, negociations ou ligues pendant les mouuemens de la presente année, & les precedentes, iouiront de ladite Amnistie, à la charge de demeurer cy apres dans la fidelité & obeissance qu'ils nous doiuent, & de renoncer ausdits traittés, ligues, vnions, & associations, & moyennant ce, ils seront remis en la possession & iouissance de leurs charges, biens & dignités dont ils iouissoient au iour que nostredite Cousine la Princesse de Condé est partie de Mouron, sans mesme qu'ils puissent estre inquietez ny recherchez en leurs personnes, ny en leursdits biens, dont main-leuée leur est faite à nostre égard pour ce qu'ils pourront auoir commis ou entrepris auparauant depuis le 13. Ianuier dernier, à condition neantmoins qu'elles nouuelles fortifications qui ont esté faites à Turenne, S. delespe, Lonenil & autres lieux qui leur appartiennent, seront razées, & que les garnisons qui y ont esté establies en seront ostées. Ce qui sera executé incessamment en presence de ceux qui seront par nous commis pour le faire faire.

Aussitost que la presente Declaration aura esté publiée, Nous voulons & entendons que tous nos suiets de ladite ville, & tous autres qui sont presentement en icelle, posent les armes, auec deffences de les reprendre cy apres pour quelque cause & pretexte que se puisse estre, sans nostre commandement exprez, ou de ceux qui auront pouuoir de nous de le leur ordonner.

Tous les gens de guerre estrangers ou de ladite ville, qui ont esté leuez par les ordres de nostredite Cousine la Princesse de Condé, de nostre Cousin le Duc d'Anguyen son fils, du Parlement, ou ville de Bordeaux, ou par ceux des Ducs de Boüillon, ou de la Rochefoucault seront licentiez incontinent apres la publication de la presente Declaration, & les Officiers & Soldats qui sont à present dans ladite Ville, en sortiront incessamment pour se retirer en leurs maisons, apres auoir faites les Declarations & sermens que dessus à l'égard des Officiers seulement, & leur seront donnez les passeports & sauf-conduits necessaires pour la seureté de leur retraitte, mesmes ausdits Marquis de Sauuebœuf, & de Sillery, Mazerolles, Bats, Fanget, la Lande, la Borde & autres qui sont en Espagne ou ailleurs, pour reuenir en France auec leurs domestiques, train & équipage, & iouyr de leurs biens, charges, & dignitez, sans que toutefois lesdits gens de Guerre puissent se retirer en trou-

pes

pes qui excedent le nombre de vingt Maiſtres, ny rien prendre ſur nos ſujets, ſans payer aux lieux où ils paſſeront.

Tous priſonniers de Guerre, & autres faits depuis ledit temps à l'occaſion deſdits mouuemens ſeront mis en liberté au iour de la publication de la preſente Declaration.

Tous Arreſts & Iugemens donnez, ou reſolutions priſes depuis ledit iour de ladite Declaration, du vingt-ſixieſme Decembre dernier, & Arreſt d'enregiſtrement iuſques à preſent, pour raiſon deſdits mouuemens, ou des differens qui les ont cauſez, contre noſtre tres-cher & bien-Amé Oncle le Duc d'Eſpernon, ſes Officiers & domeſtiques, par coutumace ou autrement, contre le feu General de la Valette, ou autres qui ont commandé nos troupes, ſeruy en icelles, ou en quelqu'autre maniere que ce ſoit, executé nos ordres & commandemens dans ladite Prouince de Guyenne, tant nos Officiers qu'autres qui peuuent y auoir eſté employez de quelque façon que ce puiſſe eſtre, au preiudice d'icelles perſonnes, biens, honneurs, droits, dignitez, charges, prerogatiues ou priuileges; comme pareillement toutes Ordonnances dudit Duc d'Eſpernon demeureront nulles, & de nul effet, ſans que de tout le contenu en iceux il puiſſe eſtre fait à preſent, ny à l'aduenir aucune pourſuite ny recherche.

Tout ce qui aura eſté pris & enleué par les gens de Guerre, de mer, ou de terre, à la reſerue des armes & cheuaux, ſera rendu aux proprietaires. SI DONNONS en mandement à nos Amez & feaux Conſeillers les Gens tenant noſtre Cour de Parlement de Bordeaux, que ces preſentes ils ayent à faire lire, publier, & enregiſtrer, & le contenu en icelles garder & obſeruer ſans y contreuenir, ny ſouffrir qu'il y ſoit contreuenu en quelque ſorte & maniere que ce ſoit. CAR tel eſt noſtre plaiſir. En teſmoin dequoy nous auons fait mettre noſtre Seel à ceſdites preſentes. DONNÉ à Bourg le premier iour d'Octobre, l'an de grace mil ſix cens cinquante. Et de noſtre regne le huictiéme. Signé, LOVYS. Et ſur le reply par le Roy, la Reyne Regente ſa mere preſente.

PHELIPPEAVX.

Et ſous le Contreſel de la preſente Declaration, eſtoient attachées les propoſitions de Monſeigneur le Duc d'Orleans, & le Regiſtre du Parlement de Paris, & l'Acte & reuoquation dudit d'Eſpernon du Gouuernement de Guienne. En voicy la teneur.

E

QVe le Roy reuoquera Monſieur d'Eſpernon de ſon Gouuer-
nemént, & donnera à la Guyenne vn autre Gouuerneur;
Qu'il accordera vne Amniſtie generale pour tous ceux de la ville
de Bourdeaux & pour tous ceux qui ont porté les armes pour eux;
Vne abolition à tous ceux qui la demanderont, pour auoir traité
auec l'Eſpagne, depuis les mouuemens de la Guienne; Et que ſa
Maieſté donnera ſeureté à Madame la Princeſſe & à Monſieur le
Duc d'Enguin en l'vne de leurs maiſons; à la charge de renoncer
par eux à toutes pratiques, ligues & aſſociations, tant dedans que
dehors le Royaume: Et à condition auſſi que ceux de la ville de
Bourdeaux deſarmeront, & qu'ils ſe remettront dans leur deuoir
& obeïſſance qu'ils doiuent à leurs Majeſtez. Et que pour faciliter l'execution de la preſente Propoſition, & accelerer autant qu'il
ſe peut le repos de ladite Prouince, il deſiroit que les Deputez dudit Parlement qui ſont icy en donnaſſent promptement aduis à
leur Compagnie afin qu'elle & ladite ville enuoyent leurs Deputez au Roy pour luy faire ladite ſupplication, & qu'ils puiſſent
auoir leurs reſponſes en dix iours, à compter de celuy que le
Courrier partira de cette ville; à faute dequoy & d'accepter par
les habitans de ladite Ville & autres intereſſez les preſentes conditions, qu'il plaira au Roy de leur accorder, en les luy deman-
mandant auec le reſpect & la ſoumiſſion qu'ils luy doiuent. Et encores Monſieur a dit que ledit temps de dix iours paſſé & expiré,
il retiroit la parole qu'il donnoit à la Compagnie, & qu'il deſiroit qu'il en fuſt fait Regiſtre, & de toutes les conditions par luy
propoſées & promeſſes, pour pacifier ladite Prouince de Guyenne.

Du Mardy neufieſme Aouſt mil ſix cens cinquante.

CEt iour la Cour toutes les Chambres aſſemblées, ayant deliberé deux matinées ſur la Lettre eſcrite à ladite Cour de la
part du Parlement de Bordeaux, & Propoſitions faites par Monſieur le Duc d'Orleans Oncle du Roy, & Concluſions du Procu-
reur-General du Roy, contenuës au Regiſtre du ſixieſme de ce
mois, A arreſté que leſdites Propoſitions ſeront acceptées, & que

ladite lettre & le contenu audit Regiſtre ſeront enuoyez aux Deputez de ladite Cour eſtans proches de la perſonne du Roy, pour
luy preſenter ladite Lettre & Regiſtre, & ſupplier ledit Seigneur
Roy que l'Amniſtie ſoit generale, meſme pour ceux qui ont negocié auec l'Eſtranger, faiſant Declaration aux Bailliages, Seneſ-
chauſſées & autres Iuriſdictions Royales.

Et outre a eſté arreſté que Regiſtre ſera fait de ce que Monſieur
le Duc d'Orleans a donné ſa parole, qu'en conſequence du ſuſdit
arreſté il enuoyera en Cour, & s'employera à faire ceſſer tous
actes d'hoſtilité & raſement de Maiſons & Places, iuſques à ce
que leſdites Propoſitions ayent eſté acceptées par ledit Parlement
de Bourdeaux. Et ſera le tout dit auſdits Deputez eſtans en cette
Ville, auſquels ſera donné autant du Regiſtre du ſixieſme de ce
mois, & du preſent.

LOVIS par la grace de Dieu Roy de France & de Nauarre,
Auons de l'aduis de la Reyne Regente noſtre tres-honorée
Dame & Mere, approuué & approuuons tout ce que deſſus. Et
en execution reuoqué & reuoquons dés à preſent noſtre tres-cher
& bien-amé Oncle le Duc d'Eſpernon du Gouuernement de
Guyenne, auquel nous pouruoirons le plus promptement que
verrons bon eſtre de telle perſonne que iugerons à propos. Et ſeront leſdites Propoſitions & le preſent Acte attachez ſous le con-
treſeel de noſtre Chancellerie, auec la Declaration expediée ſur
les preſens mouuemens de Bordeaux, pour eſtre le tout enregi-
ſtré en nos Cours du Parlement de Bordeaux & Toloſe. Fait à
Bourg ſur mer le premier iour d'Octobre, mil ſix cens cinquante.

Signé,   LOVIS.

Et plus bas,   PHELIPEAVX

EXTRAIT DES REGISTRES
de Parlement.

APres que lecture a esté faite des Lettres Patentes du Roy en
forme de Declaration, donnée à Bourg le premier de ce
mois, signées Louys, & plus bas, Par le Roy, la Reyne Regente sa Mere presente, Phelipeaux, seellées du seel secret du Roy,
Esemble des Propositions de Monsieur le Duc d'Orleans, Registres du Parlement de Paris du neufiesme Aoust dernier, Lettres
d'approbation portant reuocation faite par sa Majesté du Gouuerneur de Guyenne dudit iour premier de ce mois, signée aussi
Louys, & plus bas Phelippeaux; Ouy sur ce Dusault pour le
Procureur General du Roy, LA COVR a ordonné & ordonne,
que sur le reply des Lettres dont a esté fait presentement lecture,
Ensemble de la reuoquation du Gouuerneur de Guyenne, attachée sous le contreseel d'icelles, seront mis ces mots.

*Leuës, publiées & regiſtrées, oüy & ce requerant
le Procureur General du Roy, pour eſtre le tout obſerué
& executé selon ſa forme & teneur, & que coppie tant
deſdites Lettres que de ladite reuoquation ſeront enuoyées
par le Procureur General du Roy aux Sieges & Bail-
liage de ce Reſſort pour y eſtre fait pareille lecture, publication & enregiſtrement à la diligence des Subſtituts dudit
Procureur General eſdits Sieges, auſquels eſt enjoint de
ce faire, & d'en certifier la Cour dans le mois. Fait à
Bordeaux en Parlement en l'Audience de la grand
Chambre, pour ce extraordinairement tenuë, le deuxieſ-
me Octobre 1650.*

Signé, DE PONTAC.

Le troisiesme d'Octobre, Madame la Princesse, le Duc d'Enguien, & les Ducs de Boüillon, & de la Roche Foucault, accompagnez de plusieurs Gentils-hommes partirent de Bourdeaux, & s'embarquerent pour passer à l'Ormont. Ie ne puis voir partir cette rauissante Princesse, ny ce reste precieux du sang de nos Bourbons sans leur laisser mon cœur & les suiure par tout d'esprit & de pensée; vne foule de peuple les conduisit au port ; les Dames de Bourdeaux les yeux coüuerts de larmes , les virent embarquer. Qui pourroit raconter les souspirs de leur cœur , & la douleur extreme que ressentirent ces aymables personnes au moment de c'este insuportable separation ? Mais ie ne dois pas taire aussi la generosité de nos braues-Bourgeois, qui pendant le seiour qu'auoit fait à Bourdeaux ceste grande Princesse, luy auoient fait vn prest de p es de cinquante mille escus, sur de la pierrerie & des bagues de notable valeur que la Princesse leur auoit deposé pour l'assurance de leur argent: Mais en partant ils la suplierent de les vouloir reprendre, trop contents de luy auoir peu tesmoigner les sentimens d'amour & de recõnoissance qu'ils cõserueront eternellement pour le grand Prince de Condé. Ceste bonne Princesse, obligea neanmoins vn de nos Presidens , de retenir pour gage de son affection vne Croix de Diamans ; & voulut qu'vn de nos Conseillers receust vn present d'vn coureur , qu'elle luy fist donner de la valeur de quatre vingts pistolles.

A peine le bateau qui portoit vne si noble charge estoit descẽdu vne demy-lieuë au dessous de la ville, que le Mareschal de la Mesleraye , luy vint à la rencontre dans vne des Chaloüppes de l'armée Nauale, suiuie de plusieurs vaisseaux que commandoit Méauttic: à leur abord cette petite flotte pour saluer la Princesse , deschargea toute son artillerie : ce Mareschal apres ses premiers complimens supplia la Princesse , au lieu d'aller à Libourne, où elle auoit fait dessein d'aller coucher, de venir droit à Bourg, l'assurant qu'elle seroit parfaitement bien reçuë: dequoy ayant communiqué auec les Seigneurs de sa suitte le Duc de Boüillon , la fist resoudre de suiure le Conseil que le grand Maistre venoit de luy donner ; elle se rendit donc le mesme iour à Bourg, où elle fut receuë par la Mareschalle de la Mesleraye, & par le Duc d'Ampuille, qui l'attandoient au bas de la riuiere auec plusieurs Carrosses.

Ceste Princesse fust conduite au logis du Grand Maistre qu'on luy auoit preparé, où le Roy & la Reyne l'enuoyerent visiter ; & tout soudain elle se rendit chez le Roy, où apres auoir fait ses complimens à leurs Maiestez qui luy témoignerent grand ioye de la voir ; elle se ietta à leurs pieds auec le Duc d'Anguyen, & en ceste

T

poſture leur demanderent tous deux de ſi bonne grace, & auec des parolles ſi tendres & ſi touchantes, la liberté de Monſieur le Prince, que ſans le Cardinal qui eſtoit là preſent, ils l'euſſent infailliblement obtenuë de la bonté de leurs Maieſtez.

Les Ducs de Boüillon & de la Roche-Foucault, apres auoir rendu leurs reſpects au Roy & à la Reyne, eurent vne conference auec le Cardinal aſſez particuliere, & le Duc de Boüillon receuſt en aparence de Meſſire Iules, des teſmoignages d'vne veritable reconciliation : ceſte entreueuë a fait penſer & dire pluſieurs choſes que le temps nous découurira par les éuenemens.

Derniere Courſe.

LE Roy ayant à la fin accordé aux inſtantes prieres des Bourdelois, la grace qu'ils luy auoient ſi ſouuent demandée de venir dans la ville les honorer de ſa preſence, & donner à ſes peuples la ioye de le voir ; (qui eſtoit vn bien pour lequel ils auoient continuellement ſouſpiré depuis tout le temps que ſa Maieſté s'en eſtoit approchée) enuoya le ſieur Saintot Maiſtre des Ceremonies pour y porter les ordres que ſa Maieſté vouloit eſtre obſeruez à ſon entrée. Cét officier y eſtant arriué le 4. d'Octobre rendit au Parlement & à la ville des lettres en creance, ſuiuant leſquelles il leur fit connoiſtre que le Roy ne deſiroit pas que la ville fit aucune ſorte de dépenſe pour le receuoir, & qu'il attendoit ſeulement que le iour apres ſon arriuée, le Parlement & les autres Compagnies luy vinſſent rendre leurs deuoirs.

Le meſme iour le ſieur de Fontel Iurat auec le Procureur Scindic fut à Bourg, preſenter au Roy pour la conduitte de ſa perſonne, vne magnifique galere, & admirablement bien ornée, ſuiuie de quatre autres pour le train de la Cour. Leurs Maieſtez ne teſmoignerent pas moins de plaiſir de voir les enioliuemens de ces vaiſſeaux, qu'elles eurent de ſatisfaction d'vne tres belle harangue que leur fit le ſieur de Fontenel, l'vn des plus diſerts Aduocats du Barreau, & l'vn des plus hardis Frondeurs de la ville.

Le 5. leurs Maieſtez ayant ouy la Meſſe dés les ſept heures du matin, partirent de Bourg & s'embarquerent auec toute la Cour ſur les belles Galeres de Bordeaux, où elles arriuerent au deuant de la porte dite du Chapeau-rouge, entre vne heure & midy, ſuiuies de l'armée nauale, qui vint en meſme temps moüiller l'ancre en ce port. Vn peu auant l'arriuée du Roy le Marquis de Roquelaure entra dedans la ville à la teste du Regiment des Gardes Françoises, lequel auec celuy des Suisses, borderent les deux coftez des ruës, depuis la porte de la ville, iusques à l'Archeuesché; les Compagnies de Gens-d'armes & des Cheuaux Legers de la garde de leurs Maieftez attendant fur le quay appellé des Chartreux.

A l'abord de cette grande flote les Iurats ayant fait aduancer vn pont dans l'eau, pour aller chercher le Roy iufqu'au milieu des flots; luy rendirent leurs refpects par l'organe du fieur Beautiran, premier Iurat, lequel auec fes Collegues fut prefenté par le Marquis de faint Luc, Lieutenant General en cette Prouince: & ayant en fuitte prefenté les clefs de la ville au Roy; fa Maiefté felon fa couftume les donna au Marquis de Chappes Capitaine des Gardes de fon Corps.

Pendant le débarquement les canons de Bordeaux, ceux des vaiffeaux du Roy, & de l'armée Nauale de la ville, qui s'eftoit rangée au deuant du quay des Salinieres, firent vne agreable defcharge; tandis que de leur part les habitans de cette grande ville, qui eftoient en foule accourus fur le port, fe rauiffoient par la veuë qu'ils auoient fi long-temps fouhaittée du plus agreable des Roys qui ait iamais efté; tefmoignant leur extreme allegreffe par les cris de *viue le Roy*, qu'ils pouffoient dans le Ciel.

Leurs Majeftez eftans montées dans vn caroffe de la Reyne, dans lequel eftoit Monfieur le Duc d'Anjou, Mademoifelle, la Marefchale de la Mefleraye, la Comteffe de Brienne, & le Cardinal Mazarin, qui fe couuroit de la perfonne du Roy; fe rendirent à l'Archeuefché au trauers de leurs gardes, qui bordoient les deux coftez des ruës; accompagées de tous les Seigneurs de la Cour, dont la plus grand part montez fur de beaux cheuaux, eftoient veftus de tres riches habits: leurs Maieftez furent logées dans l'Archeuefché auec Monfieur le Duc d'Anjou; mais ny ayant pas affez de logement pour Mademoifelle, elle fut logée dans vne des plus belles maifons de la ville appartenante au Prefident Pontac: on auoit marqué pour le Cardinal la maifon du Doyen qui eft vis à 'vis de l'Archeuefché: mais ne croyant pas pouuoir eftre en feureté ailleurs que chez le Roy; il fit dreffer fa chambre dans vne des garderobes de l'Archeuefché, tout ioignant la chambre du Roy; laiffant à fon nepueu & à fes niepces, la maifon du Doyen.

Il fit mefme en forte que le Regiment des gardes Françoifes & Suiffes, & les compagnies d'Ordonnance de la garde du Roy, logeaffent dans la ville, eftant toufiours dans vne continuelle

crainte : & pour cette mesme consideration, il retarda autant
qu'il peut, l'ordre qu'auoient receu les troupes de desiler, qui à
la fin se retirerent, faisant mille maux par toute la Prouince :
pendant le seiour que la Cour fit à Bordeaux, des suisses de la
garde du Roy ayant voulu faire quelque insolence, furent trouuez le iour aprez estendus roides morts dans les ruës.

Le lendemain de l'entrée du Roy sa Maiesté fut à l'Eglise Saint
André, à la porte de laquelle, elle fut doctement haranguée par
l'Archeuesque de Bordeaux, non moins recommendable par la
grandeur de sa naissance, que par celle de sa vertu : il estoit accompagné en cette ceremonie du Chapitre de ceste Eglise là ; où
le *Te Deum* & *l'Exaudiat*, furent chantez à deux Chœurs de mu-
sique.

Ce mesme iour les deux Chapitres de Sainct André & de sainct
Seurin furent saluer leurs Maiestez : le Parlement en corps & en
robbes rouges, les Tresoriers de France, l'Vniuersité, le Presi-
dial, les Esleus, & le corps de la Bourgeoisie ; furent en suitte les
haranguer ; leurs Maiestez témoignerent à toutes ces compagnies
qu'elles estoient tres-satisfaites de leurs respects & de leurs sou-
missions.

Le Parlement fut aussi saluer par Deputez, Monsieur le Duc
d'Anjou, & Mademoiselle par l'organe du Président Dassis, auec
vne éloquence digne du rang qu'il tient Le Cardinal fit tous ses efforts pour receuoir le mesme honneur : il trouua moyen d'en faire
faire la proposition par vn des Presidens, il obligea mesme le sieur
du Coudray Montpensier d'en supplier le Parlement par des pres-
santes solicitations qu'il fit à ces Messieurs & dans leurs maisons, &
à l'entrée du Palais : mais la proposition fut reiettée comme vne
chose honteuse à la dignité de cette celebre Compagnie. Bien est-
il vray, & c'est auec vne extreme douleur que ie suis contraint de
vous faire sçauoir que neuf ou dix Officiers du Parlement furent
voir en leur particulier, à cachettes & de nuict, comme des chat-
huans cét incomparable Ministre.

Deux iours apres l'arriuée du Roy, la Reyne ayant fait dire au
Parlement par le sieur de Saintot de se rendre dans le Logis du
Roy, tous les Presidens au Mortier, quatre Conseillers de la
grand' Chambre, & deux de chacune des Enquestes furent deputez deuers leurs Maiestez, qui leur tesmoignerent qu'elles desi-
roient que ceux des Officiers du Parlement qui s'estoient retirez
pendant les mouuemens fussent restablis dans leurs Charges : ce
qui fut fait le lendemain, le Parlement leur ayant permis pour satisfaire à ce commandement d'entrer au Palais & d'y prendre leurs
places.   La

La Pieté de cette grande Reyne l'obligea bien souuent pendant le seiour qu'elle fit à Bordeaux d'y faire ses deuotions: elle voulut mesme faire l'honneur à la plus grand part des filles Religieuses d'aller voir leurs Conuents, & entre autres elle fit le 9. ses deuotions aux grandes Carmelites, où sa Maiesté fut receuë à la porte par la Premiere Presidente de Gourgue, Fondatrice de ce beau Monastere, vne des plus accomplies Dames de nostre siecle, & qui par sa vertu donna de l'admiration, & de l'estime à toute la Cour.

Le Roy, d'autre part, pour accroistre la ioye & le rauissement qu'auoient les Habitans de Bordeaux de voir sa Maiesté, eut la bonté le 12. d'Octobre de se promener à cheual par la Ville, & au cours, accompagné de toute sa Cour: la magnificence de ses habits, son port maiestueux, & sa bonne grace attiroient sur sa Maiesté les yeux d'vne foule innombrable de peuple, qui accouroit de toutes parts pour iouyr de la presence de cet aymable Prince, auec des cris extraordinaires de *Viue le Roy*.

Le iour suiuant la Ville donna le Bal au Roy, qui fut dansé dans la grand' Sale de l'Archeuesché: les Dames de la Ville y furent inuitées de la part des Iurats, mais fort peu s'y rendirent, à cause qu'elles estoient aduerties que le Cardinal Mazarin y deuoit assister.

Le 14. pour satisfaire à la Declaration du mois de Décembre 1649. accordée pour l'assoupissement des premiers mouuemens de la Guyenne, il fut donné vn Arrest au Conseil, portant descharge d'vne partie des Tailles des Seneschaussées de Bordeaux & Bazars; en execution duquel le Cardinal pour reconnoistre les seruices, qu'vn Receueur des Tailles de Bordeaux de mesme nation que luy, luy auoit rendus pendant tout le temps de la guerre, fit donner vn autre Arrest par lequel il fit ordonner qu'il feroit la recepte, non seulement des Tailles de l'année courante, mais encore des precedentes, restablissant cet Officier dans l'exercice de sa charge qu'il n'auoit exercée pendant cinq ans entiers, en ayant esté depossedé par le Conseil du Roy, pour auoir abusé de son maniment, & diuerti les deniers de sa charge: & pour luy donner encores des plus grandes preuues de l'affection qu'il a pour luy, il luy fit accorder par le Thresorier de l'Espargne vne grosse remise sur le reste des Tailles, dont ce Receueur fit le Party sous la caution de ses anciens associez, qui n'en voulut pas moins orner que celle qu'il auoit.

Le Cardinal ne fut pas moins reconnoissant enuers vn des Iurats, duquel le nom vous est assez connu, loc beau Magistrat ayant pour complaire au Cardinal lachement abandonné les interests

de la Ville, qui l'auoit deputé pour venir à la Cour demander vn
autre Gouuerneur, au lieu du Duc d'Espernon: apprehendant les
reproches qu'il eut receus, arriuant à Bordeaux, au retour de
la Deputation; se refugia à Pontes auec deux innocens, qui
estoient ses colloques, qu'il auoit abusez par ses subtilitez, leur
faisant signer vn pretendu cahier en forme de Requeste, tout contraire aux ordres qu'il auoit receus de la part de la Ville. se voyant
de la sorte exilé, il rascha par toutes voyes de procurer son resta-
blissement; il fit publier par vne Apologie, qu'il portoit vne riche
moisson de graces, & des priuileges nouueaux; il fit dire par ses
amis que le Cardinal luy auoit des souuent demandé à Bourg & à
Libourne les responces faites sur ce cahier; mais qu'il estoit fort
attaché aux interests du public, qu'il souffriroit plustost la ver-
me que de s'en dessaisir, que c'estoit vn tresor qu'il vouloit conseruer aussi cher que la vie; bien que ce ne soit à proprement parler qu'vn pur galimatias de Cour, & de responces plus ambigues
que celles des anciennes Sybilles; de sorte que tous ses artifices
ne luy pouuoient de rien seruir: il falut donc qu'il eut recours au
Cardinal, qui obtinst de la Reyne le commandement qu'elle fit
aux autres Iurats, de souffrir celuy-cy dans la Ville, en vertu de
l'Amnistie generale portée par la Declaration du Roy; mais ce
malicieux croyant se bien vanger de l'iniure qu'il s'imagine luy
auoit esté faite, se voyant restably persuada au Cardinal de faire
reuoquer ces pretendues responces, & afin de mieux couurir son
ieu par vn artifice assez grossier, il ne voulut pas que l'acte qui
portoit cette reuocation luy fust signifiée; mais il le fit signifier à
vn de ses collegues en la Deputation; qui n'a pourtant aucune
part dans cette fourberie.

Le Roy cependant marquoit en tant de rencontres le plaisir
qu'il auoit à Bordeaux, & les continuels applaudissemens de ce
peuple luy estoient si agreables, qu'il tesmoigna quelque douleur
lors qu'il sceut la resolution qui auoit esté prise au Conseil de partir de Bordeaux pour retourner à Paris, où son Altesse Royale
auoit escrit à la Reyne, qu'il estoit important que leurs Maiestez
reuinssent au plustost, & durant les deniers de la chambre.

Les Iurats ayant receu les ordres pour le depart de leurs Maiestez, preparerent tout ce qui estoit necessaire pour leur embar-
ment ils presenterent au Roy vne tres belle Galere, & qui n'estoit pas moins ornée que celle qu'ils auoient conduite à Bourg,
ils en offrirent aussi vne à Monsieur le Duc d'Anjou, dont les voi-
les & tous les pauillons estoient de taffetas bleu, les cordages de
soye bleue, les auirons bleus, les matelots vestus de bleu, les

chambres tenduës d'vne tapisserie de tabis bleu, auec l'emmeu-
blement pareil ; tout le dehors estant azuré & couuert de fleurs
de lys sans nombre.

Toutes les Compagnies de la Ville furent dés le matin en Corps
prendre congé de leurs Maiestez, qui leur donnerent vne fauorable audience.

Enfin le 15. d'Octobre, leurs Majestez partirent de Bordeaux
en plein midy ; à la veuë de plus de vingt mille personnes, qui les
suiuirent iusques au port : la douleur qu'ils auoient de voir partir
le Roy, ne se peut exprimer ; plusieurs d'entr'eux en verserent des
larmes qui ne les empeschoient pas pourtant, de pousser iusqu'au
Ciel, mille cris de *Viue le Roy*, dont ils firent retentir l'vn & l'autre riuage ; témoignans comme ils ont fait pendant tout le temps,
que la Cour a fait son sejour à Bordeaux, que le Roy n'a point
dans son Royaume de meilleurs seruiteurs, ny de plus fidelles
sujers.

Me voicy maintenant à la fin de mes Courses, apres auoir publié dans Paris, qui est le plus beau Theastre de l'Vniuers, la gloire & la valeur des braues Bordelois, & fait connoistre à tout le
reste de la France, la prudence admirable de cét Auguste Parlement de Bordeaux, qui parmy tant d'orages, & malgré les effors
de tant de puissans ennemis, a procuré le repos à cette Ville, par
le moyen duquel, & la sage conduitte de tant de grands hommes
dont elle est habitée, va deuenir vne des plus florissantes Citez
de tout ce grand Royaume. O ma patrie! i'espere bien qu'vn iour
le *Courrier Bordelois* ira porter par tout le monde les nouuelles de ta
grandeur ; & que toutes les nations de la terre, viendront à l'enuy t'esleuer des trophées : Cependant, mes chers Compatriottes,
pour laisser à la posterité vn monument illustre de la derniere
de vos Victoires, & vne marque de la deffaite de ce cruel Italien
qui auoit si hautement entrepris vostre ruine, prenez pour vostre
deuise vn beau vers du Prince des Poëtes, & faitte-le grauer sur
la porte de vostre Hostel de Ville.

Nulli fas Italo tantam sibi inertere gentem.

F I N.

Fautes ſuruenuës en l'Impreſſion.

PAge 4. ligne 36. & aſſeurer, liſez, & de s'aſſeurer. page 5. ligne 36. arriua, liſez y arriua, page 16. ligne 1. faite, liſez faites, page 12. ligne derniere, on parle, liſez, on parla. pag. 12. ligne derniere, diſent, liſez diſoient, p. 13. ligne 14. Capſequet, liſez, Cubſagües. p. 16. ligne 9. Culigny, liſez, Coligny. p. 17. ligne 30. la rend, liſez le rend. p. 17. li. 38. il y a, liſez, il y eur, p. 21. l. 17. ce Parlement, liſ. le Parlement. p. 21. l. 21. de ces mutins, liſ. de mutins. p. 23. l. 28. pour y faire, liſ. que pour y faire. p. 23. ligne 32. des reſtablir, liſ. de rebaſtir. p. 29. l. 38. accompagnée, liſez accompagné. p. 31. l. 15. reüſſi, liſez reüſſit. p. 34. ligne 25. luy en faiſant, liſez faiſant. p. 34. ligne 30. pratiquées, liſez pratiquez, p. 39. l. penultieſme, punit, liſez, punis. p. 42. l. derniere, lieues, liſ. lieue, p. 53. ligne 3. courr, liſ. court. p. 53. l. 4. grand, liſ. grands.

www.ingramcontent.com/pod-product-compliance
Ingram Content Group UK Ltd.
Pitfield, Milton Keynes, MK11 3LW, UK
UKHW022117070726
13613UKWH00003B/1119